자기해석학의 기원

자기해석학의 기원

초판 1쇄 펴낸날 2022년 4월 25일

지은이 미셸 푸코
옮긴이 오트르망 심세광·전혜리
펴낸이 이건복
펴낸곳 도서출판 동녘

편집 구형민 정경윤 박소연 김혜윤
영업 임세현 박세린
관리 서숙희 이주원

등록 제311-1980-01호 1980년 3월 25일
주소 (10881) 경기도 파주시 회동길 77-26
전화 영업 031-955-3000 편집 031-955-3005 전송 031-955-3009
블로그 www.dongnyok.com **전자우편** editor@dongnyok.com
페이스북·인스타그램 @dongnyokpub
인쇄·제본 새한문화사 **라미네이팅** 북웨어 **종이** 한서지업사

ISBN 978-89-7297-028-6 (04100)
        978-89-7297-844-2 (세트)

• 잘못 만들어진 책은 바꿔드립니다.
• 책값은 뒤표지에 쓰여 있습니다.

L'origine de
l'herméneutique de soi

오트르망 심세광·전혜리 옮김

자기해석학의 기원

미셸 푸코
미공개 선집
3

미셸 푸코

동녘

일러두기

1. 맞춤법과 띄어쓰기는 〈한글 맞춤법〉에 따랐다.
2. 외국 인명이나 지명, 작품명은 되도록 국립국어원의 〈외래어 표기법〉을 따르되, 필요에 따라서는 원어에
   가깝게 표기하는 것을 원칙으로 삼았다. 단, 굳어진 용례는 관행을 따라 표기했다.
3. 본문에 등장하는 외서는 국내에 번역된 도서명을 따랐다.
4. 본문에 사용한 기호의 쓰임새는 다음과 같다.
   《 》: 단행본, 잡지
   〈 〉: 강의, 단편, 논문, 시 등
   〔 〕: 푸코가 직접 말하지 않았거나 잘 들리지 않아서 이해가 힘든 부분을 원서 편집자가 추측해서
         추가하거나, 옮긴이가 번역하는 과정에서 원서에는 없지만 한국어로 바로 옮겼을 때 이해가 힘든
         부분을 추가로 설명해서 넣은 것이다. 따라서 편집자나 옮긴이의 해석이 들어가 있으며, 가독성을
         높이는 데 목적이 있다.
     * : 푸코가 강의에 사용한 수고와 강의 녹취록을 비교 혹은 대조해 이 책의 원서 편집자가 달아놓은
         각주다. 일부 옮긴이에 의한 설명이 있는데, 이때는 '옮긴이'라고 표기한다.

차 례

AN   *Les anormaux. Cours au Collège de France. 1974-1975*, éd. V. Marchetti et A. Salomoni, Paris, Seuil-Gallimard, 1999. 《비정상인들》, 박정자 옮김, 동문선, 2001.

CV   *Le courage de la vérité. Le gouvernement de soi et des autres II. Cours au Collège de France. 1984*, éd. F. Gros, Paris, Seuil-Gallimard, 2009. 국내 미번역, 《진실의 용기. 자기 통치와 타자 통치 제 2권 - 콜레주드프랑스 강의 1984년》

DE I   *Dits et écrits I, 1954-1975*, éd. D. Defert et F. Ewald avec la collaboration de J. Lagrange, Paris, Gallimard, 2001. 국내 미번역, 《말과 글 제1권, 1954-1975》

DE II   *Dits et écrits II, 1976-1988*, éd. D. Defert et F. Ewald avec la collaboration de J. Lagrange, Paris, Gallimard, 2001. 국내 미번역, 《말과 글 제2권, 1976-1988》

GSA   *Le gouvernement de soi et des autres I. Cours au Collège de France. 1982-1983*, éd. F. Gros, Paris, Seuil-Gallimard, 2008. 국내 미번역, 《자기 통치와 타자 통치 - 콜레주드프랑스 강의 1982-1983년》

GV   *Du gouvernement des vivants. Cours au Collège de France. 1979-1980*, éd. M. Senellart, Paris, Seuil-Gallimard, 2012. 국내 미번역, 《생명 존재들의 통치에 관하여 - 콜레주드프랑스 강의 1979-1980년》

HS   *L'herméneutique du sujet. Cours au Collège de France. 1981-1982*, éd. F. Gros, Paris, Seuil-Gallimard, 2001. 《주체의 해석학》, 심세광 옮김, 동문선, 2007.

LVS   *Leçons sur la volonté de savoir. Cours au Collège de France. 1971-1972*, éd. D. Defert, Paris, Seuil-Gallimard, 2011. 《지식의 의지에 관한 강의》, 양창렬 옮김, 난장, 2017.

MFDV   *Mal faire, dire vrai. Fonction de l'aveu en justice*, éd. F. Brion et B. Harcourt, Louvain-la-Neuve, Presses universitaires de Louvain, 2012. 국내 미번역, 《악을 행하고 진실을 고백하다. 사법에서의 고백의 기능》

SP   *Surveiller et punir. Naissance de la prison*, Paris, Gallimard, 1975. 《감시와 처벌》, 오생근 옮김, 나남, 2016.

SS   *Histoire de la sexualité III. souci de soi*, Paris, Gallimard, 1984(《성의 역사 3 : 자기배려》, 이영목 옮김, 나남, 2016. 이하 《자기 배려》 (tel판은 페이지수가 다르다)

STP   *Sécurité, territoire, population. Cours au Collège de France. 1977-1978*, éd. M. Senellart, Paris, Seuil-Gallimard, 2004. 《안전, 영토, 인구》, 오트르망 옮김, 난장, 2011.

SV   *Subjectivité et vérité. Cours au Collège de France. 1980-1981*, inédit. IMEC-Fonds Michel Foucault, C63. 국내 미번역, 《주체성과 진실》

UP   *Histoire de la sexualité II. L'usage des plaisirs*, Paris, Gallimard, 1984. 《성의 역사 - 제2권 쾌락의 활용》, 신은영, 문경자 옮김, 나남, 2018. 이하 《쾌락의 활용》 (tel판은 페이지수가 다르다)

VS   *Histoire de la sexualité I. La volonté*
       de savoir, *Paris*, *Gallimard*, *1976.*
       《성의 역사 제 1권 지식의 의지》,
       이규현 옮김, 나남, 2010. 이하 《지식의
       의지》

머리말

이 책은 미셸 푸코가 다트머스대학에서 1980년 11월 17일과 24일, 〈진실과 주체성〉과 〈그리스도교와 고백〉이라는 제목으로 행한 두 영어 강의를 프랑스어로 번역한 것이다. 이 강의가 있기 얼마 전인 10월 20일과 21일 푸코는 캘리포니아대학교 버클리캠퍼스의 'Howison Lectures'에서 〈주체성과 진실〉이라는 제목으로 이 강의와 거의 같지만 약간 다른 버전의 강의를 한다. 버클리캠퍼스 버전과 현저하게 다른 부분들은 주석으로 표시했다.

우리는 이 책에 해당 강연들과 동일한 시기에 작성된 푸코의 두 텍스트를 포함시켰다. 하나는 버클리캠퍼스에서 10월 23일에 영어로 행해진 공개 토론의 번역이다. 거기서 푸코는 강연에서 언급한 몇몇 주제들을 재론하고 그의 연구 작업에 대한 질문들에 답한다. 또 하나는 11월 3일에 마이클 베스Michael Bess와 프랑스어로 이루어진 인터뷰로, 이 인터뷰는 영어로 출간된 바 있다.

이 책은 다음의 자료들을 기초로 했다.

-다트머스대학의 강연들은 토머스 키난Thomas Keenan과 마크 블라시우스Mark Blasius가 작성한 문서들을 바탕으로 했다. 이 문서의 사본은 IMEC(프랑스 현대 출판 기록원)에 등록되어 있다. 전사轉寫된 문서의 몇몇 오류들은 수정했다.

-버클리에서의 강연과 토론은, 캘리포니아대학교 버클리캠퍼스 도서관 미디어자료센터 사이트에서 들을 수 있는 녹음 자료를 바탕으로 했다. 토론 녹음은 데이비 K. 톰린슨Davey K. Tomlinson

이 전사에 도움을 주었다.

　－인터뷰는 녹음에 기초했으며 그 사본은 IMEC에 등록되어 있다.

　이 책에 실린 텍스트는 가능한 한 있는 그대로 작성되었다. 불가피해 보이는 경우에만 필요 이상으로 반복된 말이나 토론에서 푸코가 영어로 낱말들을 찾으려 하면서 망설이는 부분들을 생략했다. 비문은 바로잡았다. 녹음된 내용을 알아듣기 힘들어서 첨가하거나 추측한 부분은 괄호 안에 넣어 나타냈다. 또한 강연 도중이나 후반부에 이루어진 담론과 토론에 등장하는 청중의 질문들을 요약하고, 토론의 주제와 무관한 몇몇 대화는 싣지 않기로 했다.

　푸코가 콜레주드프랑스에서 했던 1980-1981년 강의 〈주체성과 진실〉 및 버클리캠퍼스에서의 강연들(《주체성과 진실》)과 제목이 동일하여 혼동될 위험이 있으므로, 우리는 이 모음집의 제목을 《자기해석학의 기원》으로 선택했다. 이는 푸코 자신이 10월 20일 강의에서 제안했던 것으로(cf. p. 41, note a), 우리에 앞서 다트머스대학에서의 강연들을 편집했던 미국 편집자들과 이탈리아 편집자들도 그렇게 했던 바 있다.

　우리가 이 책을 출간하는 데 지지해주고 도와주고 조언해준 장-프랑수아 브론스타인Jean-François Braunstein, 아놀드 I. 데이비드슨Arnold I. Davidson, 다니엘 드페르Daniel Defert, 프랑수아 에발트François Ewald 그리고 프레데릭 그로Frédéric Gros 등 여러분들께 특별히 감사드린다.

　앙리-폴 프뤼쇼Henri-Paul Fruchaud, 다니엘레 로렌치니Daniele Lorenzini

들어가며

현대 주체의 계보

우리가 여기서 프랑스어역으로는 처음 소개하는 두 강연 중 하나는, 'Howison Lectures' 조직위원회의 초대로 1980년 10월 20일과 21일 양일간에 걸쳐 캘리포니아대학교 버클리캠퍼스에서 행해진 것이다. 이때 푸코의 강의를 듣기 위해 몰려든 1500여 명 중 절반을 약간 넘는 사람들은 강당에 자리를 잡을 수 있었지만 나머지는 들여보내달라고 요구하면서 강당 밖에 머물러야 했다.[1] 두 번째 강연이 있고 이틀 뒤인 10월 23일에도 버클리캠퍼스에서 푸코는 공개 토론 도중 아주 다양한 질문들에 답했고 이는 녹음되었다. 또 11월 3일에 마이클 베스Michael Bess와 프랑스어로 나눈 간략한 인터뷰에서 푸코는 자신의 작업에서 결정적인 몇 가지 주제들을 거론한다. 그러고 나서 푸코는 뉴욕대학교의 인문학 연구소에서 리처드 세넷Richard Sennett과 함께 세미나를 지도한다.[2] 며칠 지나서는 뉴햄프셔의 다트머스대학에 가서 11월 17일과 24일에 버클리에서 했던 두 강연을 각각 다시 하는데, 푸코는 거기에서 몇 가지 중요한 변형을 가했다.

푸코가 1980년 가을에 했던 이 모든 강연들은 그 이듬해

---

1   Cf. D. Defert, *Chronologie*(연표), dans DE I, p. 80. 첫 강연 전 푸코는, 미처 들어오지 못한 사람들에 대해 안타까워했던 것은 물론이고, 그 자리에 있으면서도 그들이 기대했던 것과는 아마도 전혀 다른 강연을 들어야 했을 사람들에 대해서도 안타까워하면서 현 상황에 대해 몇 마디 한다.

2   Cf. M. Foucault, "Sexualité et solitude(성현상과 고독)," dans DE II, n°295, p. 987-997.

봄, 루뱅(대학)에서 푸코가 했던 첫 강연[3]과 마찬가지로, 프랑수아 뢰레라는 정신과의의 치료 실천에 대한 언급으로 시작한다. 뢰레는 일련의 찬물 샤워를 통해 그의 환자들에게 자신의 광기를 고백하도록 강요한다. 이러한 실천의 중심에서 고백은 그러므로 구두 행위로 구성된다. 이 구두 행위를 통해 환자는 자신이 현재 어떤 상태에 있는지에 관한 진실을 말함으로써("나는 미쳤습니다") 그 진실에 결부되고 타인에게 복종하며, 또 동시에 자기 자신과 맺는 관계를 변화시킨다. 오래전부터 푸코의 관심을 끌었던 이 에피소드[4]는 여기서는, "현대 주체의 계보"[5]라는 기획을 소개하기 위해 아주 독창적인 방식으로 이용된다.

푸코는 이 현대 주체의 계보가 제2차 세계대전 이후 프랑스와 전 유럽 대륙에서 표출되었던 주체 철학에 종지부를 찍어야 할 이론적·실천적 필요성에 부합한다고 설명한다. 하지만 푸코의 현대 주체에 관한 계보는 어떤 불연속의 지점을 구성하기도 하고, 또 마찬가지로 기존의 주체 철학으로부터 벗어나기 위해 행해졌던 다른 여러 시도들, 요컨대 맑스주의, 논리실증주의 그리고 구조주의 등에 대한 어떤 대안을 구성하기도 한다. 자기가 했던 연구들에 회고적 시선을 던지면서 푸코는 역사의 특수한 (니체적) 활용을 주장한다. 푸코는 이 역사의 특수한 활용 덕분에 '인간'을

3   Cf. MFDV, p. 1-2.
4   Cf. infra, p. 53, n.1. 이 책 33쪽 각주 1.
5   Cf. infra, p. 33. 이 책 36-37쪽. 현대 주체의 계보를 추적하려는 이 기획이 물론 《생명 존재들의 통치에 관하여》와 《악을 행하고 진실을 고백하다》를 포함하는 푸코의 텍스트들에서 여러 차례 다시 나타나긴 하지만 《생명 존재들의 통치에 관하여》와 《악을 행하고 진실을 고백하다》에서 푸코가 자신의 분석들을 기입했던 이론적 틀은 버클리와 다트머스 대학에서의 강연에서 푸코가 자신의 분석들을 기입했던 이론적 틀과 동일하지 않다. 사실 콜레주드프랑스에서의 명시적 목표는 "주체성의 양식 내에서의 진실 현시를 통한 인간들의 통치"(GV, p. 79)를 연구하는 것이었던 반면, 루뱅에서는 "주체들이, 그들이 연루되는 진실 진술의 양식들 내에서, 또 그 양식들에 의해서 어떻게 효과적으로 연결되는지"를 분석하기 위해 "진실 진술의 정치적 역사"를 추적하는 것이 중요해진다(MFDV, p. 9).

말하고 살고 노동하는 존재로서 대상화한 학문들의 형성 절차들을 분석할 수 있었고, 또 병원, 요양원 그리고 감옥과 같은 제도들 내에 자리 잡은 실천들을 분석할 수 있었다는 것이다. 이러한 실천들은 특수한 유형의 인식과 연결됨으로써 주체를 지배의 대상으로 변형시켰고, 결과적으로 우리 사회에서 개인들의 품행을 규정하기 위해 사용되는 여러 '테크닉들'[6]에 속하게 되었을 것이다.

'성의 역사'라는 그의 기획에 착수하는 것도 바로 이런 항적 내에서다. 푸코는 주체가 자기 자신에 관해 전개하고 또 자기 자신에게 적용시킨 여러 유형의 인식 또한 연구해야 한다는 것을 곧 자각하게 될 것이다. 푸코는 1980년대부터 이렇게 주체성과 진실이 맺는 관계를 계보적으로 연구하는 방대한 연구 영역을 연다. 이 연구 영역에서는 '자기 테크닉', 즉 "개인들로 하여금 자기 스스로 [혹은 다른 사람들의 도움을 받아] 그들 자신의 육체와 영혼, 사유와 품행에 상당수 작업을 가할 수 있게 해주는 그러한 테크닉들, 또 그들 자신을 변형시키고 수정하기 위한 상당수 작업들을 가할 수 있게 해주는 테크닉들, 그리고 어떤 완벽의 상태, 행복의 상태, 순수한 상태, 초자연적인 힘의 상태 등에 도달하게 하기 위한 몇몇 작업들을 행할 수 있게 해주는"[7] 테크닉들에 결정적 역할이 부여될 것이다.

이러한 도정에서 1980년은 분수령이 되는 중요한 해다. 사실 푸코가 '진실을 향한 행위'—이 표현은 "알레튀르지[진실 현시]

---

6   콜레주드프랑스 <주체성과 진실>, 1981년 3월 25일 강의에서 푸코는 '테크닉들'을 다음과 같이 정의한다. "[테크닉들은] 규칙화된 절차, 어떤 한정된 대상에 여러 변형을 가하는 것을 목적으로 하는 숙고된 실천 방식들"(SV, "1981년 3월 25일 강의"). 현재 자신이 출판을 준비하고 있는 이 강의의 원고를 공유해준 것에 프레데릭 그로에게 감사의 마음을 전한다.

7   *Infra*, p. 38. 이 책 41쪽.

의 절차들 내에서 한 주체의 소관인 부분"을 가리킨다—의 역사, 혹은 오히려 '심사숙고된' 진실을 향한 행위들의 역사라는 기획을 가다듬었던 것은 콜레주드프랑스의 강의 《생명 존재들의 통치에 관하여》에서였다. 이 '심사숙고된' 진실을 향한 행위에서 주체는 동시에 당사자이고 증인이며 진실 현시의 대상이기도 하다. 그리고 고백은 물론 역사적으로 볼 때 가장 순수하고 가장 중요한 형식을 구축한다.[8] 푸코는 콜레주드프랑스에서의 1980-1981년 강의(《주체성과 진실》)와 《악을 행하고 진실을 고백하다》에서 주체성과 진실이 맺는 관계에 관한 분석을 한층 더 발전시키게 될 것이고, 더 일반적으로 이러한 연구 영역은 1984년까지 이어지는 그의 작업의 중심에 지속적으로 위치하게 될 것이다. 푸코는 1984년 〈진실의 용기〉 첫 시간에 진실한 담론들로서 주어지고 또 받아들여지는 여러 담론들에 고유한 구조들의 '인식론적' 분석에 맞서, '알레튀르지(진실 현시)' 형식들의 연구, 즉 진실이 생산되고 현시되는 형식들의 연구를 주장하게 될 것이다.[9]

그렇지만 뢰레와 그의 환자 사례가 분명히 보여주듯, 주체가 자기 자신에 관한 진실된 담론을 생산하는 것은 능동적 주체화와 예속적 주체화—우리의 복종의 주된 형식들 가운데 하나—를 동시에 구성하는데, 푸코는 이미 《안전, 영토, 인구》에서 사목 권력을 분석하며 이를 단언한 바 있다. 그러고 나서 푸코는 여기에 '인도conduite'라는 개념을 도입하기도 했는데, 이 '인도' 개념은 그 본질적인 양의성(타인들에 의해 인도받다 / 자기 자신을 인도하다)과 더불어, 권력의 테크놀로지와 저항의 실천들이 만나는 결정적인 장소

---

8   GV, p. 79-80.
9   CV, p. 4-5.

들어가기

로서의 자기 관계, 자기와 자기가 맺는 관계를 부각시켰다.[10] 버클리캠퍼스와 다트머스대학에서 푸코는 '통치'가 "개인들이 타자에 의해 통솔되는 [방식]과, 개인이 자기 자신을 통솔하는 방식이 서로 만나는 접점"이라 단언하면서 이 개념들을 재론한다. 그리고 푸코는 통치를 "강제를 확보하는 테크닉과 인간이 자기 자신을 스스로 구축하고 변화시키는 절차 간의 [⋯⋯] 불안정한 평형"[11]으로 정의함으로써, 서구의 현대 주체의 계보라는 자신의 기획이 놓일 수 있는 개념적 공간을 열어젖힌 것이 분명하다.

　　여기서 소개하는 두 강연은 델포이의 옛 격언 "너 자신을 알라gnôthi seauton"가 "네 영의 인도자에게 네 생각을 하나하나 고백하라omnes cogitationes"라는 수도원 격언으로 이행한 것을 특징짓는 급진적 변화들을 부각시키기 위해, 우선은 고대 그리스-로마의 철학 학파들 내에서, 그리고 기원후 첫 여러 세기들의 그리스도교 내에서 자기 점검과 고백의 실천들을 연구하는 것에 할애되어 있다. 이 강연들의 구조는 상당히 특이한 것으로 드러나는데, 왜냐하면 고대의 자기 테크닉들에 대한 분석과 그리스도교에서의 자기 테크닉들에 대한 분석은 동일한 중요성을 가지며 또 이 둘은 서로와 관련해 독자적인 지위를 갖기 때문이다. (《안전, 영토, 인구》와 《생명 존재들의 통치에 관하여》에서 그랬던 것처럼) 고대의 자기 테크닉들에 대한 분석이 단지 그리스도교에서의 자기 테크닉들에 대한 분석과 관련해, 혹은 그것에 의거해서 논의되는 것도 아니고, 혹은 (콜레주드프랑스에서의 이듬해 강의에서 그렇게 할 것처럼) 그 역도 아니다.

10　　Cf. 《안전, 영토, 인구》, 264, 267-268쪽[STP, p. 188, 196-197].
11　　*Infra*, p. 38-39. 이 책 42-43쪽. 푸코는 버클리에서의 강연 이후에 있었던 공개 토론에서 자기 테크닉들과 우리가 통치당하는 방식 간의 '상호 지지'에 대해 논의하면서 이 구상을 다시 이야기한다(*infra*, p. 122. 이 책 120-121쪽).

14
15

고대 그리스-로마에서의 주체성과 진실

푸코가 첫 강의에서 행한 고대 자기 테크닉들(특히 자기 점검과 의식 지도)에 관한 연구의 주된 목표는 두 번째 강의에서 설명되겠지만, 고대 그리스-로마에 주체의 해석학은 존재하지 않았고, 그러므로 주체의 해석학은 그리스도교 특유의 '발명'임을 보여주는 것이었다. 사실 자기 자신에 대한 진실을 말할 의무는 고대 철학 학파들 사이에서 대수롭지 않은 위치를 점하고 있었다. 왜냐하면 그들의 목표는 오히려 삶의 모든 환경에서 자신의 품행의 방향을 결정해준다고 여겨지는 일련의 격언들과 일정한 몇몇 목표들, 요컨대 자기 제어나 영혼의 평정, 신체와 영혼의 순결 등에 도달하게끔 해준다고 여겨지는 일련의 격언들을 자기 자신 안에 활성화시킴으로써 자신을 변형시키는 데 있었기 때문이다. 그러므로 제자의 말보다도 스승의 담론 쪽에 더 방점이 찍혔고, 제자와 스승의 관계는 전적으로 일시적이고 상황적인 것이었다. 중요한 것은 지도받는 자가 일정 수준의 독자성을 획득할 수 있게 하는 것을 목표로 하고, 또 그러한 결과가 얻어지자마자 중단되는 한시적 관계다. 결론적으로 개인으로서는 자기에 관한 분석적 탐험을 시작할 필요도, 자기의 내밀한 진실을 다른 사람에게 드러내 보일 필요도 전혀 없었던 것이다.

여기서 소개하는 강의들에서는 콜레주드프랑스에서 행해졌던 강의나 루뱅대학에서 행해지게 될 강의[12]와는 반대로, 고대 그리스-로마에서의 자기 점검의 특이성을 기술하기 위해 푸코는 피타고라스학파의 의식 점검에 대한 논의를 생략하고 세네카의 〈분

---

12   Cf. GV, p. 232-241 et MFDV, p. 92-97.

노에 관하여〉의 세 번째 책에만 집중하기로 결정한다. 꼼꼼한 용어 분석을 통해 푸코는 세네카에게서, 자기 자신과 관련해 재판관인 동시에 피고인인 주체가 등장하는 장면을 상정하는 사법적 어휘보다는, 재산과 영토에 대한 관리 감독의 어휘가 더 많이 사용된다는 점을 강조한다. 요컨대 여기서 문제는 잘못을 고백하거나 징계를 결정하는 것이 아니라, 우리에게 주어진 품행의 목표 및 규칙과 관련해 우리가 저지른 '실수'들을 파악하는 것이다. 그 실수들을 두 번 다시 되풀이하지 않기 위해서 말이다. 그러므로 특정한 행위 도식들을 적용하는 데 있어서의 이러한 간극을 극복하고 수단과 목적을 최적화하기 위해 개인에게 요구되는 것은 다른 그 무엇도 아닌 자기가 한 행위들을 상기하고 품행의 합리적 원칙들을 재활성화하는 행위뿐이라는 것이다.

이듬해부터 푸코는 〈분노에 관하여〉*의 세 번째 책을 상이한 여러 맥락에서 매번 다른 어조로 재검토하게 될 것이다.[13] 그럼에도 불구하고, 버클리캠퍼스와 다트머스대학에서 푸코는, 세네카가 기술한 자기 점검의 특징들을 열거한 후, 고대의 의식 지도에서 볼 수 있는 expositio animae(영혼의 상태에 대한 설명)에 집중한다. 이렇게 푸코는 처음으로 〈분노에 관하여〉에 대한 강의에 세네카의 다른 텍스트, 〈평상심에 관하여〉에 관한 분석을 곁들인다. 콜레주드프랑스 강의를 위해 준비된 원고에서는 언급하고 있지만 (실제 강의에서는-옮긴이) 그것에 대해 말할 시간이 없었다.[14] 게다가

---

* 옮긴이주 이전에 인용하던 판본(《세네카 인생철학이야기》, 김현창 옮김, 동서문화사, 2016)에서 〈분노에 대하여〉, 〈마음의 평정에 대하여〉라는 제목이었던 것이, 이 책에서 인용하는 판본(《세네카의 대화: 인생에 관하여》, 김남우 외 옮김, 까치, 2016)에서는 각각 〈분노에 관하여〉, 〈평상심에 관하여〉로 번역되었으니 참고 바람.

13 Cf. *infra*, p. 59-60, 각주 25와 26. 이 책 48-49쪽, 각주 25와 26.
14 Cf. GV, p. 235.

유사한 논증 도식이 1981년 4월 29일 루뱅에서 재론되는데, 푸코는 고대의 철학적 실천에서 진실 진술의 절차들이 취하는, 즉 자기 자신의 진실을 발견하고 표명하는 절차가 취하는 "두 주요 형식들"을 탐험하기 위해 세네카의 이 두 텍스트를 연구하게 된다.[15]

　　그러므로 푸코는 〈평상심에 관하여〉를 의식 지도의 틀 내에서 분석하는데, 이 경우 세레누스의 'verum fateri[진실 말하기]'는 숨겨진 생각들이나 수치스러운 욕망들을 언어로 표출하는 것과는 아무 관계가 없다. 텍스트 도입부에 등장하는, 세네카에게 보내는 세레누스의 편지는, 오늘날의 관점에서는 실제로 지도받는 자가 그의 지도자에게 자기 영혼의 가장 심원한 비밀들을 드러내기 위해 하는 일종의 고백으로 읽힐 수 있을지 모르지만, 푸코가 제안하는 해석은 반대로 거기에 오늘날 우리가 이해하는 의미에서의 고백의 실천이 부재한다는 것을 보여주려고 한다. 세레누스는 세네카에게 자신의 숨겨진 생각들을 드러내지도 않고 자기가 저지른 '잘못들'을 포착하여 그것들을 말로 표현하려 하지도 않는다. 그는 오히려 자기 일상의 품행을 교정하는 데 도움이 될 수 있는, 또 주어진 일련의 철학적이고 도덕적인 원리들과 그가 사는 방식 간의 일치—외부의 사건들이나 세속적 욕망들이 그의 진정한 목표, 즉 영혼의 평정을 흐트러뜨릴 때 그가 너무나 자주 망각하는 (그 양자의-옮긴이) 일치—를 확립하는 데 도움이 될 수 있는 조언들을 요청한다.

　　그러므로 의식의 지도자로서 세네카가 세레누스에게 줄 수 있는 도움은 철학적 이론을 그에게 설명하는 것도 아니고, 따라야 할 도덕률들을 단순히 상기시키는 것도 아니다. 세네카에게

15　　MFDV, p. 92.

그보다 중요한 것은 세레누스가 이미 보유하고 있는 행위의 합리적 원리들에 관한 순수 인식을 실제적인 삶의 양식으로 변화시키기 위해, 그 인식에 어떤 것을 덧붙이는 것이다. 달리 말해 세네카의 담론은 이론적 원리들을 '성공적인 힘'으로 변형시키고 '힘으로서의 진실'에 자리를 마련해주는 것을 목표로 한다.[16] 바로 이 표현, 버클리캠퍼스와 다트머스대학에서의 강연들에서 가장 특이한 양상을 구성하는 이 표현을 통해 푸코는 고대에 주체성과 진실이 맺는 관계를 특징짓는 일련의 특징들을 명확히 설명한다. 이 특징들은 고대에 주체와 진실이 맺는 관계와 그리스도교와 근대에서 이 관계가 취하는 형태를 확연히 구분할 수 있게 해준다.

우선 푸코는 이 진실이라는 것이 실재와의 일치를 통해 정의되지 않는다고 설명한다. 그보다 진실은 원리들 자체와 연결된 어떤 힘으로 정의되며 담론을 통해 현시된다. 두 번째로 이 진실은 의식의 심층에 있지 않다. 반대로 진실은 개인을 특수한 목적으로 끌어당기는 어떤 종류의 '자기력'으로서 개인 앞에 있다. 세 번째로 이 진실에 접근하기 위해서는 자기에 대한 분석적 탐구를 통하기보다는 논거들, 논증들, 설득력 있는 예시들 그리고 스승의 수사적 설명들을 통해야 한다. 마지막으로 이 진실에는 주체의 어떤 개인적 특성들의 발견으로부터 유래하는, 개인화하는 효과들이 없다. 반대로 이 진실은 주체를, 인식과 의지가 불연속성 없이 유기적으로 연결되는 교점으로 변형시킨다. 이렇게 이 '힘으로서의 진실'은 한 개인을 인식 주체인 동시에 의지의 주체로 변화시킴으로써, 그리스인들이 '그노메gnômê'라 부르던 바, 요컨대 "진실이 강력한 힘 속에서 출현해 사람들의 영혼에 각인되도록 만드

---

16   *Infra*, p. 48. 이 책 55쪽.

는 격언"이라 불렀던 것의 범주에 머물러 있다.[17] 그래서 버클리캠퍼스에서 푸코는 고대 그리스-로마에서의 자기 점검과 고백이 스승과 제자의 관계를 '진실 게임'으로 구조화한다고 결론 내린다. 이 게임의 목표는 주체의 심층에 숨겨진 진실을 발견하는 데 있는 것이 아니라, 주체를 "진실이 실제적 힘으로서 나타나고 또 작용할 수 있는"[18] 장소로 만드는 데 있다.

'힘으로서의 진실'이 1981년 4월 29일 루뱅에서 푸코가 행한 〈평상심에 관하여〉에 관한 분석[19]에서도, 그리고 그의 1981-1982년 콜레주드프랑스 강의에서도 다시 전개되지 않는다는 사실에 유의할 필요가 있다. 그렇지만 1982년 1월 27일 강의에서 푸코는 〈평상심에 관하여〉의 "힘으로서의 진실"을 특징짓는 이 동일한 변화의 힘을, 스승으로서의 철학자라는 일반적 인물에, 요컨대 "개인을 개혁하여 주체로서 형성시키는 작업을 수행하는 자"[20]인 이 인물에 기입하는 듯하다. 게다가 바로 이 틀 안에서 푸코는 "말의 윤리"이자 "지도의 조건들 중 하나, 지도의 근본적인 윤리적 원칙들 중 하나"[21]로 이해되는 파레시아 개념을 처음으로 소개한다. 버클리캠퍼스와 다트머스대학에서는 '힘으로서의 진실'과 그노메에 관해 몇 번이나 스승의 담론이 갖는 수사적 특성을 강조했었지만, 반대로 《주체의 해석학》에서 푸코는 파레시아와 그

---

17   *Infra*, p. 50. 이 책 59쪽.
18   *Infra*, p. 51. 이 책 61쪽, 각주 *.
19   Cf. MFDV, p. 97-101.
20   《주체의 해석학》, 163쪽(HS, p. 125.). 1982년 2월 10일 강의에서 푸코는 플루타르코스의 표현을 사용하며, 고대 철학의 금욕이라는 틀에서 결정적인 것은 "윤리생산적éthopoiétique" 성격, 혹은 비-지식적 성격이라고 명확히 말한다. ((《주체의 해석학》 270쪽에서 éthopoiétique를 "윤리시학적"이라 번역했던 것을 "윤리생산적"으로 정정한다- 옮긴이) 요컨대 지식이 에토스êthos, 즉 존재 방식, 개인의 삶의 양식을 수정하거나 변화시킬 수 있는 그런 방식으로 기능할 때, 바로 그러한 때에만 지식은 유용한 것으로 간주된다는 것이다. Cf. 《주체의 해석학》, 270-271쪽(HS, p. 227-228). 또한 다음을 보라. M. Foucault, "L'écriture de soi(자기에 대한 글쓰기)," dans DE II, n° 329, p. 1237.
21   《주체의 해석학》, 172-173쪽(HS, p. 132-133).

파레시아가 고대의 의식 지도 한복판에서 담당하는 역할과 관련해 수사학과 파레시아를 구분하는, 요컨대 설득의 기술로 이해된 수사학과, 설득의 기술이라기보다는 말하는 주체와 품행 주체의 윤리적 일치에서 그 토대를 발견하는 파레시아를 명확히 구분하게 하는 여러 차이점들을 강조한다.[22]

초기 그리스도교에서의 주체성과 진실

그리스도교는 고대 철학 학파들에서 고안된 다른 여러 일련의 실천들과 더불어 자기 점검과 의식 지도를 유산으로 물려받았다. 그리고 이 유산들은 권력 행사의 새로운 양식과 주체로부터의 진실 추출이라는 새로운 기법들로 특징지어지는 맥락으로 이전된다. 그리스도교의 자기 테크닉으로부터 생겨난 주체 형성 양식들은 그러므로 고대 그리스-로마에서 발견되는 주체 형성 양식들과는 매우 다르며, 이러한 근본적 불연속성을 백일하에 드러내는 것이 버클리캠퍼스와 다트머스대학에서의 두 번째 강연에서 푸코가 전개한 분석들의 목표가 된다.

그리스도교를 역사적으로 특징지었던 두 유형의 '진실의 의무'가 있다. 그 첫 번째 유형은 신앙과 성서 그리고 교의와 관련되는 반면, 두 번째는 자기와 영혼 그리고 마음과 관련된다. 푸코는 이 두 유형의 '진실의 의무'와 마주해 후자 쪽의 분석에 집중하면서 자기의 진실과 신성한 빛에의 접근 가능성을 결부시키는 긴밀한 관계를 처음부터 강조한다. 그러므로 이 두 작업은 주

22   Cf. 《주체의 해석학》, 395-396, 408-414쪽(HS, p. 350, 365-369).

체가 타자들에게 자기 자신의 진실을 현시하도록 하는 의무를 계율화하는 일련의 테크닉들을 필요로 한다. 그리고 1979-1980년 콜레주드프랑스 강의 《생명 존재들의 통치에 관하여》에서 푸코가 초기 그리스도교에서 개인의 진실을 현시하는 중요한 세 가지 실천(세례, 교회에서의 참회 혹은 교회법에 의한 참회 그리고 의식 지도)을 분석했다고 한다면, 우리가 여기서 소개하는 강연들에서 푸코는 세례에 대해서는 전혀 언급하지 않고 다만 참회 의식들과 수도원 제도들에서의 의식 지도에만 관심을 갖는다.

푸코는 기원후 첫 여러 세기 동안 참회가 어떤 행위로 여겨지지는 않았었다고 설명한다. 참회는 반대로 중죄를 한 번 혹은 여러 번 범한 개인이 그에게 부과되는 일련의 계율화된 의무 사항들을 통해, 교회 공동체로부터 추방되는 것을 방지하는 기능을 하는 신분이었다. 이렇듯 참회는 오랜 시간이 걸리는 사태의 형태를 취하며, 음식, 의복, 성관계 등을 제한하는 모든 규제를 포함하는, 삶에 대한 일종의 일반적 계율의 형태를 취한다. 이러한 틀 내에서 푸코는, 참회자는 죄인으로서의 자기의 진실을 예식화된 형태로 현시해야 한다는 특이한 의무의 중요성을 부각시킨다. 그리스 정교회 신부들은 엑소몰로게시스exomologesis라는 말로, 테르툴리아누스는 푸블리카치오 수이publicatio sui라는 명확한 표현으로 이 의무를 지시했다. 사실 죄인으로서의 자기에 대한 진실의 현시는, 저지른 잘못들을 상세하게 말로 표현함으로써가 아니라 자신의 (죄인-옮긴이) 신분을 '극화'함으로써 행해진다. 이것은 비참하게 입음으로써, 거친 천을 몸에 두름으로써, 머리와 온몸에 재를 뒤집어씀으로써, 애원하고 눈물 흘림으로써, 규칙적으로 단식함으로써, 종교 행사들이 치러지는 동안 공개적 비난에 자발적으로 노출됨으로써, 요컨대 타인들의 시선에 노출된 지속적 자기 고행을 통해서 '상연되어야' 하는 것이다.

그러므로 저지른 잘못들을 분석적 언어로 표현하지 않아도 참회자는 '극적으로' 자기 자신을 죄인으로, 다시 말해 영원한 삶보다 영적 죽음을 선호하는 자로 현시할 수 있다. 그리고 만약 신자들의 공동체에 다시 들어가고자 한다면, 참회자는 자신의 행위와 겉모습 그리고 자신의 삶 전체를 통해, 자신을 타락시킨 이 세계로부터 해방되고자 하는 의지, 죄를 범하도록 부추긴 자신의 육신과 육욕으로부터 벗어나고자 하는 의지, 그러므로 죄인으로서의 자기를 **버리고자** 하는 의지를 현시해야 한다. 결국 엑소몰로게시스의 실천에서 자기 자신의 진실의 현시는 이제 더 이상 인식하는 주체와 의지하는 주체를 겹쳐 놓으면서 행해지지 않는다. 반대로 자기 현시는 "자기 포기의 극적 상연[23]을 통해 주체 내에 극단적인 '단절'을 발생시키게 되어 있다.

공개적이고 행위 중심적인 이러한 형태의 고백〔참회 - 옮긴이〕이 있었던 한편으로 기원후 4세기부터 수도사 공동체에서 출현하여 정교화된 또 다른 형태의 고백이 있었으니, 자기 자신의 진실을 드러내는 또 다른 이 양식은 앞서 살펴본 고백〔참회 - 옮긴이〕의 형태와 매우 다르면서도 중요한 역사를 갖고 있다. 여기서의 관건은 엑사고레우시스라는 특별한 테크놀로지다. 죄인은 영적 지도자에게 자신이 저지른 죄들을, 말을 통해 상세하고 분석적으로 표현해야 할 의무가 있다는 것, 그것도 영적 지도자의 의지에 완전히 복종하는 관계 내에서 그래야 한다는 것을 이 테크놀로지는 함축하고 있다. 푸코에 따르면 말로 표현하는 이 철저한 고백은 자기와 자기 자신의 사유의 항상적 점검과 결합해 주체 구축 차원

23   *Infra*, p. 73. 이 책 75쪽.

에서 중대한 효과를 발생시킨다. 실은 바로 여기서 이 '자기해석학'의 기원을 포착해야 할 것이다. 이 해석학은 그 특성과 목적 측면에서는 변화되었을지언정, 오늘날의 우리에게도 여전히 제안되고 있다.

버클리캠퍼스와 다트머스대학 강연에서 푸코는 수도원 제도의 구조와 대상 그리고 고대 의식 지도의 목적이 급격히 변화했다고 말하며, 그것은 복종과 명상이라는 두 축을 중심으로 이루어졌다고 주장한다. 고대 그리스-로마에서의 지도가 실용적이고 일시적이었다면, 그래서 제자의 복종이 늘 궁극적으로는 특정 정도의 자율성과 자기 제어를 획득하기 위한 것이었다면, 반대로 수도원 공동체에서 지도는 항상적이고 전면적인 것이 된다. 수도원 공동체에서의 지도는 피지도자의 삶을 이루는 모든 측면들을 담당해야 한다. 이때 피지도자의 복종은 자기 자신의 의지를 항상적이고 무한정적으로 희생하는 형태를 취하는데, 이 희생의 목적은 신을 명상하고자 할 때 필요조건이 되는 영혼의 정화다.

이런 맥락에서 요한 카시아누스의 《제도집》과 《담화집》의 여러 구절을 주해하면서 푸코는 그리스도교의 자기 점검이 고대 그리스-로마의 경우에서 그랬던 것과는 달리 더 이상 행위와 관련되는 것이 아니라 "해석되어야 할 객관적 소여의 장"[24]으로 이루어진 "행위 이전의" 영역과 관련됨을 보여주는데, 이것은 급격한 혁신이다. "해석되어야 할 객관적 소여의 장"은 영혼을 동요시키고 육욕concupiscentia의 위험에 노출시켜 결과적으로 수도사의 관심을 사로잡아 신에 대한 명상을 방해할 위험이 있는 사유들(로기스모이logismoi 혹은 코지타치오네스cogitationes)의 영역이다. 이 부단한 사

---

24 *Infra*, p. 89. 이 책 94쪽.

유의 흐름은 수도사가 자기 자신을 정화하고 자기 자신의 진실을 발견하기 위해 항상 점검해야 하는 것으로 요청되는 소재를 구성한다. 하지만 사유의 본성과 성질 그리고 실체는 무한하고 의심을 동반하는 지난한 해석의 대상이 돼야 한다. 이는 관념과 실재의 일치를 포착하기 위해서도 아니고, 어떤 관념이 진실인지 아닌지를 확증할 수 있는 논리적 규칙을 발견하기 위해서도 아니다. 오히려 수도사들로 하여금 자기 사유의 가장 은밀하고 가장 은폐된 기원들로 거슬러 올라가게 해서 그 사유들이 신으로부터 온 것인지 아니면 사탄으로부터 온 것인지를 규명할 수 있도록 하기 위해서인 것이다.

그리스도교적 자기 점검의 두드러진 특징을 예증하기 위해서 푸코는 카시아누스가 독특하게도 방앗간 주인과 공무원 그리고 환전상, 이렇게 셋을 비교한 것을 인용하고 주해한다. 그리고 그 중 마지막인 환전상의 문제와 관련해 라틴 교부들이 "디스크레시오discretio"라 부르는 바, 즉 섞인 것으로 드러난 것을 올바른 척도에 따라 분리해내는 특수한 능력, 달리 말하자면 사유들을 선별하는 특수한 능력을 소개한다. 여기서 푸코는 카시아누스가 말하는 환전상의 은유와 프로이트가 말하는 검열의 이미지 사이에 있을 수 있는 유사점에 관한 문제를 제기하기도 한다. 반면《생명 존재들의 통치에 관하여》의 1980년 3월 12일 강의에서는 프로이트의 검열 이미지와 세네카의 〈분노에 관하여〉에 나오는 자기 점검을 비교했던 바 있다.[25]

그럼에도 불구하고 자기 자신에 대한 이 항상적 해석 작업은 수도사가 자신의 영적 지도자의 면전에서 자신의 사유들을

25   Cf. GV, p. 237.

말로 철저하고 지속적으로 표현하는 한에서만 유효할 수 있다. 요컨대 이러한 고백은 그리스도교의 자기 점검과 본질적인 상관관계를 갖는다. 고백은 그 자체로 불가피하게 해석 기능을 갖기 때문이다. 실제로 카시아누스에 따르면 악한 사유들은 말로 표현되지 않으려는 완고한 저항으로 쉽게 식별될 수 있다. 왜냐하면 악한 사유들에 깃들어 있는 악의 근원인 사탄은 명료한 담론의 빛과 양립 불가능하기 때문이다. 자기가 절대적으로 복종해야 하는 의식 지도자의 면전에서 수도사가 자신의 사유들을 철저하게 말로 표현하는 것은 그러므로 자신의 사유들을 성스러운 빛 아래 노출시켜 그 사유들로 하여금 자기 정체를 드러내도록 강제함으로써 동시에 수도사의 영혼을 정화하는 것을 목적으로 한다.

그래서 푸코는 이렇게 결론을 내릴 수 있게 된다. 확실히 엑소몰로게시스와 엑사고레우시스는 자기 자신에 관한 진실을 현시하는 두 가지 방식이지만 이 둘은 서로 아주 다르다. 엑소몰로게시스는 죄인 자신의 존재의 현시를 지향하는(그리스도교의 '존재론'적 경향) 반면, 엑사고레우시스는 사유의 끊임없는 분석을 지향한다(그리스도교의 '인식론'적 경향). 그렇지만 이 두 테크닉은 공통적으로 하나의 근본적 특징, 즉 고행mortification, 자기 포기와 자기 자신의 의지의 포기라는 특징을 갖고 있다. 그러므로 이 두 경우 모두에서 자기 자신에 관한 진실의 폭로는 자기희생의 의무와 결코 분리될 수 없다.[26]

---

26   Infra, p. 89-90. 이 책 95쪽.

철학적이고 윤리적이며 정치적인 쟁점들

여기서 우리가 소개하는 이 강연들의 구조는 고대의 자기 테크닉들과 그리스도교의 자기 테크닉들 간의 이러한 대립에서 아주 명확하게 그 윤곽을 드러낸다. 버클리에서 행한 강연에서 푸코는 인상적인 용어들로 표현된 참신한 도식을 통해 이 대립에 풍부함을 더한다. 그 세 단계는 서양의 역사 속에서 '자기'가 담당하는 세 형상에 부합한다.

첫 번째로 고대 그리스-로마에서 자기 점검과 고백의 테크닉들과 상관관계에 있는 '격언적 자기soi gnomique'에서는 "진실의 힘과 의지의 형태가 일체를 이루고 있다".[27] 여기서 자기는 바깥에서 온 진실의 힘, 특히 자기 제자가 어떤 주어진 일련의 품행 규칙들에 적응하고 그것들을 자기 것으로 만들고 자기 안에 내장하여 그것들을 '주체화'하도록 돕는 자로 간주되는 스승의 담론과 연결된 어떤 진실의 힘으로 구성되어 있다. 두 번째로는 반대로 "근원적 빛으로부터 나온 잊힌 작은 한 조각, 잊힌 하나의 불티로서" 개인 안에서 발견되어야 하는 "영지주의적 자기soi gnostique"가 있다.[28] 버클리에서는 이렇게 고대 그리스-로마와 그리스도교 사이에 영지주의가 놓인다. 영지주의는 푸코가 다트머스 대학에서 활용하기로 결정했던 (고대 그리스-로마와 그리스도교의-옮긴이) 이항 도식을 복잡하게 만드는 특수한 역사적 '자기'의 형상을 야기한다. 끝으로 그리스도교의 자기 점검과 고백의 테크닉들은 "인식형이상학적 자기soi gnoséologique"와 상관관계를 맺는데,[29] 이는

---

27   *Infra*, p. 50. 이 책 59쪽.
28   *Infra*, p. 68. 이 책 68쪽, 각주 *.
29   *Infra*, p. 89. 이 책 95쪽.

해석학적 작업을 통해 자기의 은밀한 진실의 발견과 해독이라는 문제를 제기한다. 그런데 자기의 은밀한 진실을 발견하는 것은 그것을 백일하에 드러내거나 그 진실을 통해 자신을 변화시키기 위해서가 아니라, 오히려 자기 자신을 더 쉽게 포기하기 위해서다. 왜냐하면 자기 자신의 가장 깊은 곳에 절대적 타자(사탄)가 있을 수도 있기 때문이다.

명료화하거나 단순화하려는 이유 때문인지, 다트머스대학 강연에서 푸코는 '영지주의적 자기'에 대해서는 더 이상 이야기하지 않고 '격언적 자기'와 '인식형이상학적 자기' 간의 대립에 기초한 이항 도식만을 제시했다. 현대 주체의 계보라는 기획 내에 있는 이 도식화는 푸코의 분석과 현 실태가 맺는 관련성을 부각시키는 데 결정적인 방식으로 기여한다. 이렇게 다른 그 어느 곳에서보다도 이 강연들에서 푸코는 자기가 고대 그리스-로마와 초기 그리스도교를 연구하는 것의 정치적 쟁점들을 명시적으로 강조한다. 이러한 정치적 쟁점들은 콜레주드프랑스 강의들과 저서들에서도 물론 나타나지만 대개는 행간에서 드러날 뿐이다.

버클리에서의 첫 번째 강연 초반에 푸코는 설명하기를, 그의 생각에 따르면 분석이란 그것이 우리가 "우리의 상황 속에서뿐만 아니라 우리 자신 안에서 받아들이거나 거부하거나 변화시키고" 싶어하는 것과 관련될 때, "정치적 차원"을 갖게 된다는 것이다. 또 동시에 "다른 종류의 비판 철학", 즉 "주체의 변형, 우리 자신의 변형과 관련된 조건들과 그 확정되지 않은 가능성들"을 탐색하는 다른 종류의 비판 철학의 영역에 자신의 논지를 위치시킨다.[30] 아마도 이 구절을 푸코가 마이클 베스와의 인터뷰에서 했

Infra, p. 37. 이 책 39쪽, 각주 **.

던 말과 비교해볼 필요가 있을 것이다. 거기서 푸코는 "관용의 한계들"과 관련된 수락/거부의 변수들 때문에, "용인하지 않으려는 사람들이 늘 있을 것이고 사람들이 저항하는 지점들이 늘 존재할 것"[31]이라고 단언한다. 기성 권력관계의 체계를 거부하는 것, 경직되어 부동하는 권력관계들에 저항하는 것은 그러므로 주체변형의 **확정되지 않은** 가능성을 창조하기 위한 필요조건이자, "가능한 한 멀리, 또 가능한 한 폭넓게 **확정되지 않은** 자유의 작업을 다시 펼치기"를 위한 필요조건인 것이다.[32] 확실한 것은 이 '**확정되지 않음**'이라는 개념이 거의 모든 다른 포스트-칸트적 비판 철학과 푸코의 비판 철학을 구분하면서, 정치적인 동시에 윤리적인 푸코의 비판 철학의 장을 특징짓는다는 점이다.

두 번째 강연 결론부에서 푸코는 그리스도교로부터 전승된 자기해석학의 실정적 토대를 찾으려는 경향이 근대 이래 서구 문화를 특징짓는다고 주장한다. 사법제도들의 목표, 의학적 실천들과 정신의학적 실천들의 목표, 정치적이고 철학적인 이론의 목표까지도 실제로는, 그리스도교에서 무한한 해석의 장으로서의 자기가 시작되는 조건이었던 자기희생을, 인간이라는 실정적 형상, 즉 푸코가 "서구 사유의 영원한 인간중심주의"라 부르는 그 형상으로 대체하는 것이었다는 것이다. 하지만 자기le soi는 "우리[서구-옮긴이] 역사 속에서 구성된 테크놀로지의 역사적 상관물에 다름 아니"기 때문에,[33] 푸코에 따르면 우리의 문제는 오히려 이렇게 우리가 자기해석학으로부터 우리 자신을 해방시킴으로써, 이 테크

---

31   *Infra*, p. 151. 이 책 152쪽.
32   〈계몽이란 무엇인가〉, 《자유를 향한 참을 수 없는 열망》, 195쪽(재번역)[M. Foucault, "What is Enlightenment?," dans DE II, n° 339, p. 1393(인용자 강조)].
33   *Infra*, p. 90. 이 책 96쪽.

놀로지를 바꾸는 것임을 아마도 이해해야 할 때가 되었다는 것이다.[34]

　　하지만 거부하고 바꾸고 벗어나는 것은 오직 계보학적 작업, 창조하는 작업, 혁신하는 작업, 발명하는 작업을 통해 가능해지는 윤리-정치적 조건들일 뿐이다. 마이클 베스에게 답할 때도 푸코는 자신이 주장하는 도덕의 중심에 거부와 호기심 그리고 혁신이라는 세 가지 근본 요소들을 위치시킨다. 이 세 요소들은 또한 버클리와 다트머스 대학에서 푸코가 "우리 자신에 대한 정치"라 부르는 것을 특징짓는다.[35]

34　　우리는 여기서 푸코가 고고학과 계보학을 최종적으로 정의 내리기 전에 그것들을 어떻게 묘사했었는지 볼 수 있다. 자기le soi라는 것이 우리 역사 속에서 구축된 이 테크놀로지의 역사와 상관적임을 보여주는 것은 사실 고고학적 비판을 현동화하는 하나의 방식이다. 여기서 '고고학적'이라는 것은 비판이 "우리가 생각하고 말하고 행동하는 바를 언어로 명확히 표현하는 담론들을 '역사적 사건'과 같은 것으로 다루려" 한다는 의미이다. 그리고 이러한 테크놀로지를 변화시키려 시도하는 것은 계보학적 비판의 계기에 해당한다. 이 계보학적 비판의 계기는 "우리가 행할 수도 없고 인식할 수도 없는 것을 현재 우리인 바의 형식으로부터" 연역해내는 것이 아니라, "현재의 우리인 바와 현재 우리가 행하는 바 혹은 현재 우리가 사유하는 바와 관련해, 우리가 더 이상 그러하지 않을 수 있고, 우리가 더 이상 그렇게 행하지 않을 수 있으며, 혹은 우리가 더 이상 그런 식으로 사유하지 않을 수 있는 가능성을, 우리를 현재의 우리이게끔 한 우연으로부터" 끌어내는 것이다(《계몽이란 무엇인가》, 《자유를 향한 참을 수 없는 열망》, 195쪽(재번역)(M. Foucault, "What is Enlightenment?," art. cit., p. 1393)).

35　　*Infra*, p. 91. 이 책 97쪽.

주체성과 진실
(1980년 11월 17일)

미셸 푸코가 다트머스대학에서 행한 두 강연

광기에 대한 도덕 요법을 다룬, 1840년에 출간된 어떤 저작에서 프랑스의 정신과 의사 뢰레는 자기가 자기 환자들 중 한 명을 어떻게 다루었는지—어떻게 치료했고 치유했는지—를 설명합니다. 어느 날 아침 뢰레 박사는 자신의 환자 A씨를 샤워실로 들어오게 합니다. 그는 A씨에게 자신의 착란에 대해 상세히 말하게 합니다.

"음, 그건 모두 광기에 지나지 않아요. 그걸 결코 믿지 않는다고 내게 약속하세요"라고 뢰레 박사가 환자에게 말합니다.

환자는 좀 망설이다가 이내 약속합니다.

"그걸로는 충분치 않습니다. 당신은 전에도 이런 식으로 약속했지만 지키지 않았어요." 뢰레 박사는 응수합니다. 그리고 수도꼭지를 열어 환자의 머리에 찬물을 들이붓습니다.

"알았습니다! 알았어요! 저는 미쳤습니다." 환자가 외칩니다.

물 고문이 멈추고 심문이 재개됩니다.

"예, 제가 미쳤다는 것을 인정합니다." 환자가 거듭거듭 말하고는 이렇게 덧붙입니다. "제가 그걸 인정하는 건 당신이 강요하기 때문입니다."

다시 시작되는 물 고문. 다시 시작되는 고백. 계속되는 심문.

"그렇지만 맹세코 제 주위에서 적들의 목소리를 들었고 그들을 봤습니다"라고 환자는 말합니다.

물 고문이 또다시 시작됩니다.

"알았어요, 인정합니다. 저는 미쳤어요. 전부 다 제가 미쳐서 그랬던 겁니다."[1]

1   François Leuret, *Du traitement morale de la folie*(광기에 대한 도덕 요법), Paris, J. B. Baillière,

정신병을 앓고 있는 어떤 사람에게 자신이 미쳤다는 것을 인정하도록 유도해가는 것은 아주 오래된 절차입니다. 19세기 중엽이 되기 전까지 기존 의학에서 모든 사람들은 광기의 자인과 광기가 양립할 수 없다고 확신하고 있었습니다. 그래서 예를 들어 17세기와 18세기의 연구*에서는 진실 요법이라 불릴 수 있는 수많은 사례들이 발견됩니다. 그들의 망상**이 현실과 무관하다고 광인들을 납득시키는 데 성공하면 그들은 치유된다는 것입니다.

하지만 보시다시피 뢰레가 사용한 테크닉은 완전히 다릅니다. 뢰레는 자신의 환자에게 그가 갖고 있는 생각이 그릇되다거나 비합리적이라고 설득하려 하지 않습니다. 환자 A씨의 머릿속에서 일어나는 일에 이 의사는 관심이 없습니다. 뢰레는 〔환자로부터-옮긴이〕 구체적 행위를 얻어내고자 했습니다. '저는 미쳤습니다'라는 명백한 시인 말입니다. 우리는 여기서 오랫동안 사법과 종교 제도에서 사용되어왔던 절차들이 정신의학의 치료로 전환된 것을 쉽게 확인할 수 있습니다.[2] 알아들을 수 있는 큰 목소리로 자기 자

1840, p. 191-204. 푸코는 프랑수아 뢰레의 이 치료법에 대단히 큰 중요성을 부여한다. 《정신병과 심리학》에서 환기되는 이 치료법은 다른 여러 텍스트에서도 재등장한다. Michel Foucault, "L'eau et la folie(물과 광기)" in *Dits et écrits* I, no 16 p. 298-299 그리고 "Sexualité et solitude(성현상과 고독)" in *Dits et écrits* II, no 295, p. 987-988 참조. 푸코는 또한 1973-1974년도 콜레주드프랑스 강의에서 뢰레와 그의 방법에 대한 몇몇 성찰을 개진하기도 했는데 특히 《정신의학의 권력》 1973년 12월 19일 강의에서 그랬다. 《정신의학의 권력》, 오트르망 옮김, 도서출판 난장, 2014, 205-245쪽〔Michel Foucault, *Le pouvoir psychiatrique. Cours au collège de France 1973-1974*, éd J. Lagrange, Paris Seuil-Gallimard, 2003, p. 144-163〕. 루뱅대학에서 행한 강연 첫 시간에 푸코는 뢰레에게 그가 강연에서 담당한 동일한 역할, 즉 서구 문화 내에서 고백 테크닉의 계보학(혹은 민족학)의 도입부 역할을 부여하면서 뢰레에 의해 기술된 치료 장면을 다시 인용한다. "뢰레가 요구하는 고백의 이면에 고백의 긴 역사가 존재한다. 일반적으로 '진실 말하기'의 권력과 효과에 대한 이러한 유구한 믿음 그리고 특히 '자기 자신의 진실 말하기'에 대한 신뢰의 역사가 존재합니다 〔……〕 아마도 이 진실 말하기의 민족학을 연구할 필요가 있을 것 같습니다." Michel Foucault, *Mal faire dire vrai: Fonction de l'aveu en justice*(악을 행하고 진실을 고백하다. 사법에서의 고백의 기능), éd. F. Brion et Bernard Harcourt, Louvain-la -Neuve, Presses universitaire de Louvain, 2012, p. 1-3.
*   버클리대학 강연: 의학 연구
**   버클리대학 강연: '망상délire' 대신 '환각들hallucinations'이라고 말한다.
2   푸코가 그리스도교의 고백 절차가 과학적 규칙성의 도식으로, 또 의학적, 정신의학적 실천, 특히 심리학적 실천으로 옮겨갔다고 설명하는 분석과 관련해서는 《지식의 의지》, 85-92쪽(제3장 문단

신의 진실을 표명하는 것, 즉 고백하는 것은 서구 세계에서 오랫동안 죄 사함의 조건, 죄인의 유죄 판결에서 핵심 요소로 간주되어 왔습니다. 뢰레의 괴상한 치료법은 광기의 점진적 죄의식화에 관한 일화로 해석될 수도 있을 것입니다. 하지만 저는 오히려 이 치료법을 이러한 고백 실천에 대한 보다 일반적인 성찰의 단초로 삼고 싶습니다. 더 나아가 서구 세계에서 보편적으로 받아들여지는 어떤 가설에 대한 보다 일반적인 성찰의 단초로 삼고자 합니다. 그 가설이란 자신의 구원을 위해서는 자신이 누구인지를 가능한 한 정확히 알아야 할 뿐만 아니라, 앞서의 것과는 상당히 다른 것이지만, 자신이 누구인지를 타인들에게도 가능한 한 명확하게 말해야 한다는 것입니다.[3] 여기서 뢰레의 일화는 우리 서구 사회에서 전개된 개인성, 담론, 진실, 강제 간의 생경하고 복잡한 관계들의 한 예에 불과합니다.[*]

외관상 이렇게 특수해 보이는 하나의 주제에 제가 기울이는 관심을 정당화하기 위해 잠시 과거로 거슬러 올라가보고자 합니다. 결국 이 모든 것은 현대 주체의 계보라는 훨씬 더 일반적인 주제를 연구하기 위해 제가 사용하게 될 하나의 수단에 불과합

14-24) 〔*Volonté de savoir* p. 84-94〕를 참조. 반면 루뱅대학 강의 종반부에서 푸코는 중세부터 현대에 이르기까지 사법제도 내에서 발달한 고백을, 사법 제도 내에서 의학적이고 정신의학적인 실천이 담당하는 역할을 환기하면서 분석한다. MFDV, p. 199-228 참조.

3   이 '가설'은 출발점인 동시에 이론적 정당화로, 푸코가 이 강연에서 전개한 분석의 비판적 목적을 구성한다. 게다가 이미 《지식의 의지》에서 다음과 같은 단언을 발견할 수 있다. 즉 "고백은 서구에서 진실을 도출하는 데 가장 효율적인 테크닉 가운데 하나가 되었다"으며 우리 사회는 "유별나게 고백하는 사회"이고, 서구인은 "고백하는 동물이 되었다"는 것이다. 푸코에 따르면 여기로부터 "진실의 정치적 역사"의 필요성이 생겨난다. 《지식의 의지》, 81-81쪽(제3장 문단9) 〔*La volonté de savoir*, p. 79-81〕 참조. 사실 푸코는 1979-1980년도, 1980-1981년도 콜레주드프랑스 강의와 1981년도 루뱅대학 세미나를 이 진실의 (정치적) 역사라는 맥락에 위치시키고 있다. GV, p. 49, 73-74, 99, 111-112, 305-307; SV, "Leçon du 7 janvier 1981"; MFDV, p. 7-10, 89 참조.

*   버클리대학 강연: 문제는 이렇습니다. 만인에게 강제되고 또 심지어는 합리적이고 정상적이기를 바라는 광인들에게까지 강제되는, 자기 자신에 대한 진실을 말해야 하는 이 의무는 도대체 무엇일까요?

니다.[4]

　제2차 세계대전 발발 몇 년 전부터 전쟁 후까지도 여전히 프랑스 철학과 유럽의 대륙 철학은 주체 철학에 지배되고 있었다고 생각합니다.* 철학은, 모든 지식과 모든 의미화의 원리를, 의미화하는 주체 위에 구축하는 것을 탁월한[5] 과업으로 설정했습니다. 의미화하는 주체에 부여된 중요성은 물론 후설—프랑스에서는 일반적으로 그의 《데카르트적 성찰》[6]과 《위기》[7]만이 알려졌지만—에게서 기인합니다. 하지만 주체의 핵심적 성격은 어떤 제도적 맥락과 연관되어 있습니다. 데카르트와 더불어 철학이 시작된 이후 프랑스 대학에서 철학은 데카르트적인 방식으로 전개될 수

4　현대 주체의 계보를 시도하려는 기획은 푸코의 텍스트에 여러 차례 등장한다. 그래서 1976년 한 인터뷰에서 푸코는 "주체의 제거, 달리 말해 역사의 틀 내에서 주체의 구성을 설명할 수 있는 분석"이 필요하고 또 이것이 "제가 계보학이라 부르고자 하는 것입니다"라고 명확히 설명하고 있다. Michel Foucault, "Entretien avec Michel Foucault(미셸 푸코와의 인터뷰)" entretien avec A. Fontana et P. Pasquino, DE II, no 192, p. 147 참조. 1978년 2월 22일 강의에서 푸코는 이미 1980년의 관점과 가까운 관점에서, 사목제의 역사를 연구하는 것은 서구 주체의 역사를 기술하는 것이기도 하다고 지적하며 그리스도교 사목 권력 분석을 결론짓는다. 《안전, 영토, 인구》, 263-264쪽(STP, p. 187). 하지만 1979-1980년도 강의에서 푸코가 명시적으로 지시한 분석의 일반적 틀은 (이 주제가 도처에서 은밀하게 존재하기는 하지만) 현대 주체의 계보라는 틀이 아니라 "주체성의 양식 내에서의 진실 현시를 통한 인간의 통치"라는 틀이다. GV, p. 79, p. 140, p. 220-221 참조. 여기서 푸코는 서구 주체성의 역사라는 주제를 환기시킨다. 1981년부터 현대 주체의 계보라는 기획은 주체성과 진실이 맺는 관계의 역사라는 표현으로 구체화된다. 혹은 푸코가 루뱅대학 〔세미나〕에서 논하듯 "주체들이 참여하고 있는 여러 형태의 진실 진술 체제 내에서 그리고 그것들을 통해서 어떻게 실제적으로 연결되어 있는지"를 연구하는 것을 목표로 하는 "진실 진술의 정치적 역사"라는 표현으로 구체화된다. MFDV, p. 9 참조. 또한 SV, "Leçon du 7 janvier 1981"; 《주체의 해석학》39-40, 213쪽(HS, p. 3-4, 173); GSA, p. 42; CV, p. 5. 반대로 푸코는 성현상sexualite의 역사에 대한 마지막 두 권(《쾌락의 활용》과 《자기 배려》-옮긴이) (그리고 《육욕의 고백》까지) "욕망하는 인간의 계보, 고전기 고대부터 그리스도교 초기까지"라는 기획 내에 포함시킨다. 사실 1980-1981년 콜레주드프랑스 강의(주체성과 진실Subjectivité et Vérité-옮긴이)에서 이미 이 기획이 어렴풋이 나타난다. Cf. 《쾌락의 활용》, 27쪽(〈서론〉, 문단16)(UP, p. 18).

*　버클리대학 강연: 자아ego의 선험성이 군림했습니다.

5　푸코는 이 낱말들(par excellence)을 프랑스어로 발음한다.

6　에드문트 후설, 《데카르트적 성찰》, 이종훈 옮김, 한길사, 2016(E. Husserl, *Méditations cartésiennes*, trad. Fr. G. Peiffer et E. Levinas, Paris, Vrin, 1953).

7　푸코가 참조하는 텍스트는 후설이 1935년 빈에서 했던 강연, 〈유럽 인간성의 위기와 철학〉이다(trad. Fr. P. Ricœur, *Revue de métaphysique et de morale*, n° 3, juillet-septembre 1950, p. 225-250; 이 텍스트의 번역은 다음에서도 확인할 수 있다. 《유럽학문의 위기와 선험적 현상학》, 이종훈 옮김, 한길사, 2016, 463-515쪽(*La crise des sciences européennes et la phénoménologie transcendantale*, trad. Fr. G. Granel, Paris, Gallimard, 1976, p. 346-383).

밖에 없었습니다. 하지만 정치적 상황 역시 고려해야 합니다. 여러 번의 전쟁과 학살 그리고 독재 정치의 부조리에 직면해 자신의 실존적 선택들에 의미를 부여해야 했던 것은 개인으로서의 주체였던 것 같습니다.

전후의 긴장 완화 및 거리두기와 더불어 철학적 주체에 부여되었던 이러한 중요성은 이제 예전만큼 확실하지는 않은 것처럼 보였습니다. 이때까지 은폐되어 있던 두 이론적 역설은 더 이상 피할 수 없게 되어버렸습니다. 첫 번째 역설은 의식 철학이 지식에 관한 철학, 특히 과학적 지식에 관한 철학을 기초하는 데 실패했다는 역설이고, 두 번째 역설은 의미의 철학이 의미 형성 메커니즘과 객관적 의미 체계의 구조를 설명하는 데 실패하고 말았다는 것입니다. 당시 다른 형태의 사유가 주체 철학을 극복했다고 주장했다는 걸 알고 있습니다. 바로 맑스주의입니다. 유물론도 이데올로기론도 객관성 및 객관적 의미의 이론을 수립하는 데 실패한 것은 명백합니다. 논의를 해본다면 이 점은 더욱 명백해질 겁니다. 맑스주의는 실제적 인간, 구체적 인간에* 호소함으로써 추상적 주체를 대체할 수 있는 휴머니즘 담론으로 등장했습니다. 이론적이고 실천적인 측면에서 당시 맑스주의에 근본적 약점이 있었던 것은 분명한 것 같습니다. 요컨대 휴머니즘적 담론은 맑스주의자들이 당대에 그럼에도 불구하고 지지하던 정치적 현실을 은폐하고 있었던 것입니다.

거리두기에 의해 가능해지는 좀 손쉬운 명철성—여러분(미국인-옮긴이)은 그것을 먼데이 모닝 쿼터백이라 부르는 걸로 알고 있습니다—을 갖고 말하는 것을 양해해주시길 바라며 말씀드리

* 버클리대학 강연: 그리고 인간 소외로부터의 해방에

는데, 주체 철학을 넘어서는 두 가지 가능한 길이 있었습니다. 첫 번째 길은 객관적 지식에 관한 이론이고 두 번째 길은 의미 체계의 분석 혹은 기호학입니다. 첫 번째 길은 논리실증주의의 길이 었습니다. 두 번째 길은 일반적으로 구조주의라는 이름 아래 규합된 언어학, 정신분석학, 인류학이라는 특정 유파들의 길이었습니다.

제가 선택한 방향은 이것들이 아니었습니다. 단언컨대 저는 구조주의자가 아닙니다. 또 좀 유감스럽게 고백하자면 저는 분석철학자도 아닙니다. 완벽한 사람은 없습니다. 저는 다른 방향을 탐색해보고자 했습니다. 저는 주체의 계보를 연구함으로써, 요컨대 현대의 자기 개념으로 우리를 유도한 역사를 통해 주체 구축의 절차를 연구함으로써, 주체 철학으로부터 벗어나려고 시도했습니다. 하지만 이것이 늘 쉬운 작업은 아니었습니다. 왜냐하면 대다수 역사가들은 사회적 절차들의 역사*를 선호하고, 대다수 철학자들은 역사 없는 주체를 선호하기 때문입니다. 하지만 그럼에도 불구하고 이러한 사실이, 제가 사회적 사실과 관련해 역사가들이 이용하는 것과 동일한 사료들을 이용하는 데 방해가 된 적은 없었습니다. 또 니체처럼 주체의 역사성[8]** 문제를 제기한 철

─────────

*   버클리대학 강연: 사회가 주체 역할을 하는 사회적 절차들의 역사

8   1971년 몬트리올 맥길대학 강연에서 푸코가 했던 설명에 따르면, 니체는 "주체와 대상을 최대한 떨어뜨려 놓으면서 인식을 설명"하고자 했으며, 그러므로 "주체-대상 관계가 인식을 구성할 것"이라는 데 반대했다. "인식에 대한 가장 중대하고 첫째가는 착각은 주체와 대상의 실재existence"에 관한 것인데, 그것[주체와 대상의 실재—옮긴이]은 반대로 역사적으로 구성되었다는 것이다. Cf. 《지식의 의지에 대한 강의》 중 〈니체에 관한 강의〉, 294-295쪽(M. Foucault, "Leçon sur Nietzsche," dans LVE, p. 203-204). 1983년 5월 21일 리우데자네이루 교황 가톨릭대학에서의 첫 번째 강의에서도 푸코는 자신의 목표가 "인식 주체 자체에도 역사가 있고, 주체와 대상이 맺는 관계, 혹은 더 명확히 말하자면 진실[진리] 그 자체에도 역사가 있다"는 것을 보여주는 것이라고 표명한다. 그러므로 "역사를 통해 [보편적 —옮긴이] 인간 주체에 대한 철저한 비판"을 개시해야 하며, 주체는 "역사 내부에서 구성되고" "역사에 의해 순간순간마다 창설되고 재창설"된다. 그리고 푸코는 이렇게 명확히 말한다. "제가 여기서 말씀드리는 것은 니체 저작과 관련해서만 의미를 지니"며, 니체 저작에서는 "주체 그 자체가 형성되는 역사를 분석한 담론 유형을 실제로 발견할 수 있다"고 말이다. Cf. M. Foucault, "La vérité et les forms

학자들에게 제가 빚지고 있음을 인정하는 데 방해가 된 적도 없습니다.

---

juridiques(진실과 사법형식들)," dans DE I, n° 139, p. 1407-1408. 10년 후, 1983년 인터뷰에서 다시 한 번 자기 작업에서 독일 철학이 갖는 중요성을 언급하면서 푸코는, 니체 독서가 자신에게는 진정한 '단절'이었다고, 왜냐하면 니체에게서 다음과 같은 생각을 발견했기 때문이라고 말한다. "이성의 역사가 있는 것과 완전히 마찬가지로 주체의 역사가 있으며, 합리적 주체의 최초 창설 행위에 이성의 역사의 전개를 요구해서는 안 된다." Cf. M. Foucault, "Structuralisme et poststructuralisme(구조주의와 포스트구조주의)," entretien avec G. Raulet, dans DE II, n° 330, p. 1255. 〈Sexuality and Solitude(성현상과 고독)〉 강연을 위해 준비된 육필원고를 프레더릭 그로가 《주체의 해석학》의 〈강의 정황〉에 전사해놓은 곳의 한 구절에서 푸코는, 여기서처럼 니체를 인용한 후 이렇게 결론짓는다. "그러므로 제게 중요했던 것은, 이론적으로는 너무나 쉽고 현실에서는 너무나 위험한 인간중심주의의 애매함들로부터 빠져나오는 것이었습니다. 또 자아의 선험성의 원리를, 주체의 내재성의 형식들에 대한 탐구로 대체하는 것이 중요했습니다.〈강의 상황〉, 《주체의 해석학》, 554쪽〔Cf. F. Gros, "Situation du cours," dans HS, p. 507〕.

** 버클리대학 강연: 일반적 기획은 이렇습니다. 이제 방법론에 관해 몇 말씀 드리겠습니다. 이런 유형의 탐구에서는 학문들의 역사가 특권적 관점을 구성합니다. 이것이 역설적으로 보일 수도 있습니다. 무엇보다도 자기의 계보는 과학적 지식의 장 내에 자리매김되지 않습니다. 마치 우리가, 합리적 인식이 우리 자신에 관해 말해줄 수 있는 것 이외의 그 무엇도 아니기라도 한 것처럼 말입니다. 그에 반해 학문들의 역사는 아마도 의미 작용 체계 분석을 위해서뿐만 아니라 인식 이론을 위해서도 시도해볼 만한 중요한 영역이며, 주체의 계보 연구를 위해서도 역시나 풍요로운 영역입니다. 여기에는 두 가지 이유가 있습니다. 주체를 정의하고 변형하는 모든 실천들은 특정 유형의 지식 형성을 수반하며, 서구에서는 여러 다른 이유들로 이 지식이 다소간 과학적 형식들과 규범들을 중심으로 해 조직되는 경향이 있습니다. 아마도 더 근본적이고 우리〔서구-옮긴이〕 사회들에 더 고유한 이유도 하나 있습니다. 제가 드리고 싶은 말씀은 이렇습니다. 모든 주체에게 부과되는 가장 중요한 도덕적 의무들 중 하나는, 자기 자신을 인식하기, 자기 자신을 탐색하기, 자기 자신과 관련된 진실을 말하기, 그리고 자기 자신을 지식의 대상으로 구축하기입니다. 자기 자신을 위한 만큼이나 타자들을 위해서도 말입니다. 개인들에게 부과되는 진실의 의무와 그 지식의 과학적 조직, 바로 이 두 이유 때문에 이 지식의 역사가 주체의 계보를 보는 특권적 관점을 구성하게 됩니다.

그래서 〔첫번째로-옮긴이〕 저는 학문들의 역사 일반이 아니라, 단지 주체에 관한 과학적 지식을 구성하려고 노력했던 학문들의 역사를 시도해보고자 합니다. 또 〔두 번째로-옮긴이〕 저는 이 학문들의 객관적 가치를 헤아리거나 이 학문들이 보편타당해질 수 있는지 여부를 알려고 하지는 않을 것입니다. 그건 과학인식론 역사가들의 과업입니다. 그 대신 저는 이 학문들이 파생되는 출처가 되는 담론적 실천, 제도적 실천 그리고 사회적 실천들을 밝히려고 노력하는, 어떻게 보면 역진적(?) 역사라 할 수 있는 학문들의 역사를 시도하고자 합니다. 이것은 고고학적 역사일 것입니다.[11] 마지막 세 번째로 이 기획은, 이러한 실천들이 명확한 목표를 가진 일관되고 숙고된 테크닉들이 된 순간을 밝히고, 이 테크닉들로부터 특정 담론이 출현해 진실이라고 간주되게 되는 순간을 밝히며, 이 테크닉들이 진실을 찾고 진실을 말할 의무와 연결된 순간을 밝히는 데 힘씁니다. 요컨대 제 기획의 목표는 주체의 계보를 구성하는 것입니다. 이 기획의 방법론은 지식의 고고학입니다. 그리고 그 분석의 명확한 영역을 저는 테크놀로지들이라 불러야 합니다. 주체에 관련된 몇몇 테크닉들과 몇몇 유형의 담론들의 유기적 결합이라고 말씀드리고 싶습니다.

이런 분석 형태의 실천적 의미 작용에 대해 마지막으로 몇 말씀만 더 드리고자 합니다. 하이데거가 보기에 서구가 존재와의 접촉을 유실하고 만 것은, 대상들에 대한 인식에 다다르게 해주는 유일한 수단이 테크네technê라 여기고, 그것에 점점 더 많이 집착했기 때문이었습니다. 질문으로 되돌아가서 어떤 테크닉들과 어떤 실천들이, 진실과 오류 그리고 자유와 구속 사이의 그 특징적인 단절을 주체에게 부여하면서 서구적 주체 개념을 형성하는지 생각해봅시다.[15] 제 생각에는 바로 여기서, 우리가 시도했던 역사를 구성할 수 있는 진정한 가능성을 발견하게 될 것이고 또 동시에 우리 자신에 대한 진단을 발견하게 될 것입니다. 이것은 정치적 차원을 동시에 갖는 이론적 분석이 될 것입니다. '정치적 차원'이라는 지금까지 저는 이 계획을 두 가지 방식으로 수행해왔습니다. 〔한편으로〕저는 주체 일반과 관련된 근대의 이론적 구축물들에 관심을 가졌습니다. 저는 과거의 제 책[9]에서 말하고, 살며, 일하는 존재로서의 주체에 관련된 이론들을 분석하려고 시도했습니다. 또 저는 병원, 정신병원, 감옥과 같은 기관―여기서 어떤 주체는 지식의 대상이자 지배의 대상이 되었습니다[10]―에서 구축된 지식과 실천에 대해서도 관심을 가졌습니다. 그리고 현재 저는 주체가 자기 자신과 관련해 만들어내는 이러한 형태의 인식을 연구하고자 합니다. 자기 자신에 대한 이러한 형태의 인식은 성현상sexualité의 현대적 경험을 분석하는 데 중요하다고 생각합니다.[12]

그러나 이 최근의 계획을 실행하기 시작한 후로 저는 몇 가지 중요한 점들과 관련된 제 관점을 변화시키지 않을 수 없었습

말을 통해서 저는, 우리가 사는 세계에서 우리가 받아들이고자 하는 것과 관련된 분석, 우리의 상황에 서뿐만 아니라 우리 자신 안에서 받아들이거나 거부하거나 변화시키고 싶은 것과 관련된 어떤 분석을 말하고자 합니다. 요컨대 중요한 것은 다른 유형의 비판 철학을 탐색하는 것입니다. 우리의 가능한 대상 인식의 조건들과 한계들을 규정하려고 하는 비판 철학이 아니라, 주체의 변형, 우리 자신의 변형과 관련된 조건들과 그 확정되지 않은 가능성들을 모색하는 비판 철학 말입니다.[16]

9   《말과 사물》(M. Foucault, Les mots et les choses. Une archéologie des sciences humaines, Paris, Gallimard, 1966).

10   《광기의 역사》(M. Foucault, Histoire de la folie à l'âge classique, Paris, Gallimard, 1972(première édition: Folie et Déraison. Histoire de la folie à l'âge classique, Paris, Plon, 1961)); 《임상의학의 탄생》 (Naissance de la Clinique. Une archéologie du regard médical, Paris, P.U.F., 1963); SP.

11   (39쪽 각주 **에 붙은 각주) Cf. M. Foucault, "Entretien avec Michel Foucault(미셸 푸코와의 인터뷰)," entretien avec J.G. Merquior et S.P. Rouanet, dans DE I, n° 85, p. 1025-1026: "《말과 사물》 에서 저는 여러 학문들의 전통적 역사와 무관한 어떤 다른 방법이 가능하다는 것을 깨달았습니다. 그 것은 그 학문의 내용보다 그 학문 고유의 실존을 더 염두에 두는 특정한 방식으로 이루어져 있는 방법 이었습니다. 그러한 사실들을 검토하는 방식 덕분에 저는 서구 문화와 같은 어떤 문화 내에서 과학적 실천이 역사적으로 출현했다는 것을 볼 수 있었고, 과학적 실천이 역사적 실존과 역사적 전개를 내포 하고 있으며 여러 변화의 선들을 따라갔다는 것 또한 볼 수 있었습니다. 어느 정도까지는 그 학문의 내 용과 무관하게 말입니다. 학문의 내용과 형식적 구성의 문제는 차치하고, 그 학문이 존재하게 된 이유 들 혹은 어떤 일정한 학문이 어느 주어진 한 시기에 존재하기 시작하게 되고 우리 사회 내에서 특정한 몇몇 기능들을 담당하게 된 이유들에 대해 연구해야 했습니다."

12   푸코는 1976년 《앎의 의지》를 시작으로, 여섯 권짜리 성현상의 역사를 기획한 바 있다. 이어지 는 몇 년 동안 그는 이 기획을 이어갔지만, 이론적으로나 연대기적으로나 일련의 근본적 이동을 대 가로 치러야 했다. 두 번째 권과 세 번째 권은 〔각각〕 고대 그리스와 헬레니즘 로마 시대에 할애된 것으 로 1984년에서야 마침내 공간된다. Cf. 《쾌락의 활용》(UP), 《앎의 의지》(VS). 그러나 네 번째 권인 《육 욕의 고백》을 출판할 시간은 푸코에게 없었다.

니다. 일종의 자아비판[13]을 해보도록 하겠습니다. 하버마스의 몇 가지 제안에 따르면[14] 인간 사회에서는 세 가지 주요 유형으로 테크닉이 구분될 수 있다고 합니다. 〔첫째로-옮긴이〕 사물을 생산하고 변형시키며 조작하는 테크닉, 〔둘째로-옮긴이〕 기호 체계를 사용할 수 있게 해주는 테크닉, 〔셋째로-옮긴이〕 개인들의 인도를 결정할 수 있게 해주고 그들에게 일정한 의지를 강제하며 그들을 일정한 목적이나 목표에 따르게 하는 테크닉이 그것입니다. 다시 말해 생산 테크닉, 의미화 테크닉, 지배 테크닉이 있다는 말입니다.

물론 우리가 자연과학의 역사를 연구하고자 한다면 생산 테크닉과 기호학적 테크닉을 고려하는 것이 필수적이지는 않더라도 유용할 것입니다. 하지만 제 계획은 주체의 인식과 관련된 것이었기 때문에 저는 다른 테크닉을 배제하지 않은 상태에서, 지배 테크닉이 가장 중요하다고 생각했었습니다. 하지만 성현상의 경험을 연구하면서 저는 어떤 사회가 되었든 간에 모든 사회에는 다른 유형의 테크닉들도 존재한다는 것을 점차 알게 되었습니다. 요컨대 개인들로 하여금 자기 자신들을 변형시키고 수정하게 하는 방식으로 스스로* 그들 자신의 신체, 영혼, 사유, 품행에 상당수의 작업을 수행할 수 있게 해서 일정한 완결 상태, 행복의 상태, 순수한 상태, 초자연적인 힘의 상태에 도달할 수 있게 해주는 일련의 테크닉들이 존재한다는 것을 깨닫게 되었습니다. 이런 종류의 테크닉들을 '자기 테크닉', 혹은 '자기 테크놀로지'라 명

---

13   푸코는 이 낱말(autocritique)을 프랑스어로 발음한다.
14   J. Habermas, *Connaissance et intérêt*, trad. fr. G. Clémençon, Paris, Gallimard, 1976.
15   (39쪽 각주 **에 붙은 각주)또한 프레데릭 그로가 《주체의 해석학》의 〈강의 정황〉에서 인용하는, 〈성현상과 고독Sexuality and Solitude〉이라는 제목의 강연을 위해 준비된 육필원고의 구절을 보라. 〈강의 상황〉, 《주체의 해석학》, 552쪽(HS, p. 505].
*   버클리대학 강연: 혹은 타인들의 도움을 받아

명하도록 합시다.[17]

　서구 문명 내에서 주체의 계보를 연구하려면 지배 테크닉뿐만 아니라 자기 테크닉도 고려할 필요가 있다고 생각합니다. 이 두 유형의 테크닉, 즉 지배 테크닉과 자기 테크닉 간의 상호관계를 고려할 필요가 있다는 말입니다. 개인들이 다른 개인들을 지배하는 테크놀로지가 개인이 자기 자신에게 작용을 가하는 절차에 도움을 요청하는 바로 그 지점들을 고려할 필요가 있습니다.

16　(39쪽 각주 **에 붙은 각주)《생명관리정치의 탄생》의 1979년 1월 17일 강의에서 푸코는 자신의 분석들을 '지식에 대한 정치적 비판'이라는 항목에 포함시키고 다음과 같이 명확히 말한다. "이 분석이 정치적 범위를 갖기 위해서는 진실들의 생성이나 오류들의 기억을 목표로 해서는 안 된다는 것입니다. 〔……〕 제가 생각하기에, 지금 정치적으로 중요한 것은 어느 시점에 창설된 진실 진술의 체제가 일단 어떤 것인가를 한정하는 것입니다. 〔……〕 바로 이 지점에서 역사적 분석은 정치적 효과를 가질 수 있습니다." Cf.《생명관리정치의 탄생》, 65-67쪽〔M. Foucault, *Naissance de la biopolitique. Cours au Collège de France. 1978-1979*, éd. M. Senellart, Paris, Seuil-Gallimard, 2004, p. 37-38〕. 루뱅대학에서의 첫 번째 강의에서 푸코는, 그 당시에 그가 '비판 철학'이라는 말로 이해하고 있던 바에 대해 더 오래 논의하기는, 아직까지는 그것을 주체 변형의 조건들 및 가능성들에 연결시키기보다는 그것을 진실진술vériction의 형식들에 연결시킨다. Cf. MFDV, p. 9. 그러므로 아마도 그의 논고 "Le sujet et le pouvoir(주체와 권력)"를 참조하는 것이 더 적당할 것이다. 거기서 푸코는 칸트를 언급하고 또 "계몽이란 무엇인가?"라는 질문에 대한 칸트의 답변을 언급한 뒤 이렇게 단언한다. "세계에 대한 비판적 분석 속에서 중대한 철학적 임무가 점차로 구성되어가는 것을 볼 수 있습니다." "아마도 오늘날 가장 중요한 것은 우리 자신이 무엇인지를 발견하는 것이 아니라, 우리 자신인 바를 거부하고" "몇 세기 동안이나 우리에게 부과된 개인성의 유형을 거부함으로써 주체성의 새로운 형식들을 촉진하는 것입니다." Cf. 〈주체와 권력〉,《구조주의와 해석학을 넘어서》, 307쪽〔M. Foucault, "Le sujet et le pouvoir," dans DE II, n° 306, p. 1051〕. '비판'과 계몽에 할애된 푸코의 텍스트에 대해서는 이 책 97쪽 각주 51을 참조하라.

17　자기 테크닉 혹은 자기 테크놀로지에 대한 소개 비슷한 것을 보려면 다음을 참조하라. 〈자기의 테크놀로지〉,《자기의 테크놀로지》, 이희원 옮김, 동문선, 2002, 36쪽. M. Foucault, "Sexualité et solitude," conférence cit., p. 989-990 ; 〔"Les techniques de soi," dans DE II, n° 363, p. 1604〕. 루뱅대학에서의 첫 강연에서 푸코는 반대로 '테크놀로지의 주요 유형'을 세 가지밖에 이야기하지 않는다(생산 테크닉, 소통 테크닉 그리고 통치 테크닉). 그렇지만 그가 '주체의 테크놀로지'를 언급할 때, 거기에 네 번째 유형을 추가하는 것처럼 보인다. Cf. MFDV, p. 12-13. 게다가 푸코는 '자기 테크닉'들이 1980-1981년 콜레주드프랑스 강의〔주체성과 진실Subjectivité et Vérité)의 진정한 주도적 맥락이라고 표현한다. 그 강의의 〈강의 요지〉에서 자기 테크닉들은 "자기에 대한 자기 제어의 관계 혹은 자기에 의한 자기 인식의 관계들에 힘입어, 특정한 몇몇 목적에 따라 개인들의 정체성을 확정하고 유지하며 변형시키기 위해 개인들에게 제안되거나 종용되는" 절차로 정의된다. 또 푸코는 여기서 자기 테크닉들의 역사는 "그것〔자기 테크닉-옮긴이)들의 기술적 뼈대 및 그것들의 지식 효과와 더불어, 우리가 '자기 자신과 맺는 관계들'의 역사 속에서 〔자기 테크닉들의-옮긴이) 배치와 변형을 가로지름"으로써 "주체성의 역사를 구성하는 한 방식"일 것이라고 명확히 설명한다. Cf. M. Foucault, "Subjectivité et verité," dans DE II, n° 304, p. 1032-1033 et SV, "Leçon du 25 mars et du 1er avril 1981". 그렇지만《쾌락의 활용》, 24-26쪽(《서론》, 문단13-14, UP, p. 16-17)에서는 '자기 테크닉'이 '실존의 기술들' 및 '실존의 미학'과 동의어가 된다.

또 그 반대로 자기 테크닉들이 강제와 지배 체제 내에 통합되는 지점들도 고려할 필요가 있습니다. 개인이 타자에 의해 통솔되는 방식*이 개인이 자기 자신을 통솔하는** 방식과 유기적으로 연결되는 지점, 이것을 저는 '통치'라 부를 수 있다고 생각합니다.[18] 넓은 의미에서 인간들을 통치한다는 것은*** 통치자가 원하는 것을 그들에게 강요하는 방식이 아닙니다. 강제를 확보하는 테크닉과 인간이 자기 자신을 스스로 구축하고 변화시키는 절차 간의 상보성이 늘 존재하고 갈등을 수반하는 불안정한 평형이 늘 존재합니다.

정신병원, 교도소 등을 연구했을 때는 제가 지배 테크닉을 지나치게 강조했다고 생각합니다. 우리가 '규율'이라 부를 수 있

---

*   버클리대학 강연: 통솔되고 인식되는

**   버클리대학 강연: 통솔하고 또 그들 자신을 인식하는

18   1978년부터 '통치' 개념은 푸코의 성찰에서 핵심 역할을 담당하며, 그 후로 죽는 날까지 그는 이 개념을 유지한다. 이 '통치' 개념과 더불어 푸코는, 17세기와 18세기에 출현한 것으로 추정되며 지금까지도 우리 사회를 특징짓는 특수한 유형의 정치권력을 '통치성'이라 칭하는데, 이 '통치성'은 "인구를 주된 목적으로 삼고, 정치경제학적 지식을 주된 형식으로 하며, 안전장치를 주요한 기술적 도구로 삼는" 권력 형태다. Cf. 《안전, 영토, 인구》, 162-164쪽(STP, p. 111-112). 하지만 '통치성' 개념은 그것을 통해 푸코가 권력 개념을 재정의하는 분석 격자이기도 하다. "권력 행사는 '품행들을 인도'하고 있을 수 있는 일을 조정하는 데 있다. 권력은 사실상 두 대적자 간의 대립이나 서로 간의 약속의 차원에 속하는 것이 아니라 '통치'의 차원에 속한다. 통치라는 말에는 이 말이 16세기에 가졌던 매우 넓은 의미를 남겨놓아야 한다. '통치'는 정치 구조나 국가 운영을 지칭하는 데 국한되지 않았고, 개인이나 집단의 품행을 지도하는 방식을 가리키기도 했다. 아이들의 통치, 영혼의 통치, 공동체의 통치, 가족의 통치, 병자의 통치라는 식으로 말이다. 이것은 적법하게 제정된 정치적이거나 경제적인 예속화의 형태들뿐 아니라, 다른 개인들의 행위 가능성에 작용하기 위해 마련된 다소간 숙고되고 계산된 행위 양식들을 포괄한다. 이런 의미에서 통치한다는 것은 타인들의 우연한 행위의 장을 구조화하는 것이다. 권력에 고유한 관계의 양식은 따라서 폭력이나 투쟁 쪽에서도, 계약이나 자발적 속박 쪽에서도 찾아지지 않을 것이며(이 모든 것들은 기껏해야 도구일 수 있을 뿐이다), 호전적이지도 않고 사법적이지도 않은 특이한 행위의 양식, 즉 통치 쪽에서 찾아질 것이다." Cf. 미셸 푸코, 〈주체와 권력〉, 《구조주의와 해석학을 넘어서》, 313쪽(M. Foucault, "Le sujet et le pouvoir," art. cit., p. 1056). 또한 다음을 보라. GV, p. 13-14 et MFDV, p. 12. 그렇지만 푸코가 이 강연들에서 보여주듯, '통치' 개념은 또한 권력관계들의 '정치적' 관점과 자기 테크닉의 '윤리적' 관점을 연결할 수 있게 해주며, 이렇게 자기에 대한 통치와 타자들에 대한 통치 간의 관계를 분석하는 길을 열게 된다. Cf. M. Foucault, "Subjectivité et verité," résumé cit., p. 1033; 《주체의 해석학》, 72-79쪽(HS, p. 34-40); 〈자기의 테크놀로지〉, 《자기의 테크놀로지》, 36-37쪽("Les techniques de soi," conférences cit., p. 1604); GSA; CV; "L'éthique du souci de soi comme pratique de la liberté," entretien avec H. Becker, R. Fornet-Betancourt et A. Gomez-Müller, dans DE II, n° 356, p. 1547-1548.

***   버클리대학 강연: 우리가 이야기했듯이, 예를 들면 16세기에, 어린이를 통치하고 가정을 통치하고 혹은 영혼을 통치한다는 것은

는 바는 이런 종류의 기관들에서 대단히 중요한 것입니다. 하지만 규율은 우리 사회에서 인간들을 통치하는 테크닉의 일면에 지나지 않습니다. 권력 행사를 단순한 폭력이나 엄격한 강압으로 이해해서는 안 됩니다. 권력은 복잡한 관계들로 이루어져 있습니다. 이 복잡한 관계들은 일련의 관계적 테크닉들을 포함하고 있고 이 테크닉들의 효율성은 강압 테크놀로지와 자기 테크놀로지의 섬세한 조합에서 발생합니다. 아시겠지만 자기에 의한 법의 내면화라는 다소 프로이트적인 도식으로부터 벗어날 필요가 있다고 생각합니다. 이론적 관점에서는 다행스럽게도, 하지만 아마 실천적 관점에서는 불행하게도 사태는 이보다 훨씬 더 복잡합니다. 요컨대 지배 테크닉들을 출발점으로 설정해 통치의 장을 연구하고 난 후 앞으로 저는 자기 테크닉으로부터 출발해 특히 성현상의 장 안에서 통치를 연구해보고자 합니다.

자기 테크놀로지의 장 안에 있는 자기 테크닉들 가운데 자기 자신에 관한 진실을 발견하고 〔공식적으로-옮긴이〕 표명하는 쪽으로 향하는 테크닉들은 대단히 중요합니다. 오늘날 우리 사회 내 인간에 대한 통치에서 사람들은 복종해야 할 뿐만 아니라 자기 자신에 관한 진실을 생산하고 공표해야 하는데[19] 그러한 절차들 가운데 의식 점검과 고백은 가장 중요한 절차라고 생각됩니다. '너 자신을 알라gnôthi seauton'는 델포이의 행동 지침에서 시작해, 제가 강연 서두에서 논의했던 뢰레가 추천하는 괴이한 치료법에 이르기까지 대단히 유구하고 대단히 복잡한 하나의 역사가 존재

---

19   콜레주드프랑스 1979-1980년 강의 《생명 존재들의 통치에 관하여》의 핵심 주제가 관건이다. "왜, 어떤 형태 하에서, 우리 사회와 같은 어떤 사회에서는, 진실을 표명하는 절차들 내에서, 권력이 필요로 하는 진실 현시의 절차들 내에서, 개인들이 그 진실 현시의 핵심 당사자가 되어야 하는 의무와 권력 행사 간에 그토록 근본적인 관계가 존재하는 것일까요?" Cf. GV, p. 79.

합니다. 전자에서 후자에 이르는 대단히 긴 도정이 존재합니다. 그리고 그 유구한 도정에 관해서라면 오늘 저녁에는 간략하게라도 말씀드릴 생각이 없습니다. 단지 저는 "당신의 영적 인도자에게 당신의 모든 생각을 고백하세요"라는 자기 인식의 의무가 수도원의 계율이 되어버린 시기인 초기 그리스도교 시대에 이 〔자기 인식의-옮긴이〕 실천들에 〔발생한-옮긴이〕 한 변혁을 강조하고자 합니다. 이러한 변혁은 현대 주체성의 계보에서 상당한 중요성을 지니고 있다고 생각합니다.[20] 이 변형과 더불어 우리가 주체의 해석학이라 부를 수 있는 것이 시작됩니다. 오늘 강연에서 저는 이교도 철학자들이 고백과 자기 점검을 어떤 방식으로 생각했는지 개략적으로 설명하고, 다음 강연에서는 이것들이 초기 그리스도교 내에서 어떻게 〔변화하게-옮긴이〕 되었는지를 설명하고자 합니다.* 잘 아시다시피 그리스 철학 학원들의 목표는 이론의 고안이나 교육에 있지 않았습니다. 그리스 철학 학원의 목적은 개인의 변혁에 있었습니다. 타자와는 다르게, 더 행복하게 살 수 있는 능력을 함양시

---

20   루뱅대학 1981년 4월 29일 강의 참석자들과 나눴던 대화에서 푸코는, 그의 말에 따르면 '서구 주체성의 역사' 내에서의 진정한 혁신과 심지어는 '단절'까지를 보여주는 이러한 변화를, 한층 더 강조한다. 이때 푸코는 "그리스도교도들에게서의 자기 인식의 요청은 〔그리스적-옮긴이〕 자기 인식으로부터 나오지 않는다"고 설명한다. 왜냐하면 그리스도교의 자기 테크닉들은 일반적으로 (소크라테스와 플라톤의 경우와 달리) **보편적** 진실과 맺는 관계를 확립하려 하지 않고, 오히려 **자기 고유의** 진실, **자기 자신의** 진실, 특히 죄와 관련된 진실과 맺는 관계를 확립하고자 하기 때문이다. Cf. MFDV, p. 114. 또한 다음을 보라. M. Foucault, "Interview de Michel Foucault(미셸 푸코 인터뷰)," entretien avec J.F. et J. de Wit, dans DE II, n° 329, p. 1477-1478.

*   버클리대학 강연: 이 단락은 다음과 같이 대체되었다. 이러한 테크닉들 중에서도, 자기 자신에 관한 진실을 찾아내 표명하는 성향이 있는 테크닉들은 대단히 중요합니다. 왜냐하면 우리 사회에서 인간들이 통치받기 위해서는 각자가 복종해야 할 뿐만 아니라 자기 자신에 관한 진실을 생산해내야 하기 때문입니다. 자기 점검과 의식 점검 그리고 고백은 가장 중요한 것들일 것입니다. 저는 이 두 절차를 가로질러서, '네 생각 하나하나를 모두 내게 말하라omnes cogitationes'라는 수도원의 격언에서, '너 자신을 알라'는 델포이의 오래된 격언의 변형을 보여드리고자 합니다. 왜냐하면 수도원 제도들에서 우선 탄생하고 발전한 이 격언은 제 생각에 현대 주체성 형성에서 중요한 역할을 했기 때문입니다. 이 격언과 더불어 우리가 자기해석학이라 부를 수 있는 것이 시작됩니다. 오늘 저녁에는 그리스 철학과 로마 철학에서 고백과 자기 점검이 고안된 방식을 소묘하려고 시도할 것이고, 내일은 초기 그리스도교에서 그것들이 어떻게 변화하게 되는지를 보여드려 보겠습니다. 이 두 강연 제목이 실은 '자기해석학의 기원'이 될 수도 있었는데요, 그 제목을 붙여야 했습니다.

키는 데 있었습니다.[21] 이 모든 것 안에서 자기 점검과 고백은 어떤 위치를 점하고 있었던 것일까요? 얼핏 보기에 고대의 모든 철학적 실천에서 자기 자신에 관한 진실을 말해야 하는 의무는 지극히 제한된 위치를 점유하는 것으로 보입니다. 두 가지 이유에서 그러한데, 이것들은 고대와 헬레니즘 시대 전체에 유효한 이유라고 생각됩니다. 첫 번째 이유는 철학적 수양의 목표가 개인으로 하여금 상당수의 계율들을 갖추도록 하는 데 있었기 때문입니다. 그 계율들은 삶의 모든 상황에서 자기 제어와 마음의 평정 그리고 신체의 순결과 영혼의 순결을 잃지 않으면서 자기 자신을 스스로 인도할 수 있도록 하기 위한 것입니다. 바로 그렇기 때문에 스승의 담론이 중요해지는 것입니다. 스승의 담론은 말하고 설득하고 설명해야 합니다. 스승의 담론은 제자의 삶 전반을 관통해 필요한 보편적 계율을 제자에게 전승해야 합니다. 그렇기 때문에 말하는 쪽은 스승이지 제자가 아닙니다.[22]

고백의 의무가 고대의 의식 지도에서 그다지 중요하지 않은 또 다른 이유가 있습니다. 스승과의 관계는 상황적이거나 일시적이었기 때문입니다. 스승과 제자의 관계는 두 의지 간의 관계였기 때문에 전적인 복종이나 궁극적 복종을 내포하고 있지 않았

---

21   푸코는 아마도 여기서 피에르 아도의 연구들을 염두에 두고 있는 듯하다. 피에르 아도의 연구에 따르면 고대 철학은 무엇보다도, 철학을 실천하는 개인들의 존재 방식에 변화를 일으키는 것을 목표로 했던 삶의 방식이었지, 이론의 구축이 아니었다. Cf. P. Hadot, "Exercices spirituels(영적 실천)," *Annuaire de la Ve Section de l'École pratique des hautes études*, vol. 84, 1977, p. 25-70; 다음에 재수록. *Exercices spirituels et philosophie antique*(영적 실천과 고대철학), Paris, Albin Michel, 2002, p. 19-74.

22   푸코는 《주체의 해석학》에서 이 질문을 심화시킬 것이다. 그리고 바로 이러한 맥락에서, 지도의 고대적 실천 내부에서 스승의 말이 갖는 특징들을 묘사하기 위해 파레시아 개념을 도입하게 될 것이다. "파레시아는 스승의 입장에서 제자 측의 정숙의 의무에 화답하는 바입니다. 자신의 담론을 주체화하기 위해 주체가 침묵해야 하는 것과 마찬가지로 스승은 자신이 말하는 진실된 바가 행위와 지도가 끝날 무렵 제자가 주체화시키는 참된 담론이 되기를 원한다면 파레시아의 원칙에 따라야 합니다." Cf. 《주체의 해석학》, 393-394쪽(HS, p. 348); 다음도 참조하라. 172-173, 199, 381-396쪽(p. 132-133, 157, 338-374).

습니다. 사람들은 시련, 사별, 유배, 불행 등을 견뎌내기 위해 스승이나 친구의 조언을 요청하기도 하고 수용하기도 했던 것입니다. 혹은 사람들은 언젠가는 독자적인 방식으로 자신을 통솔하고 [타인의-옮긴이] 조언을 더 이상 필요로 하지 않을 수 있게 되기 위해 자신들의 삶의 일정 기간 동안* 자발적으로 스승의 지도를 받습니다. 고대의 지도는 피지도자의 독자성을 목표로 합니다. 이런 상황을 고려해볼 때, 자기 자신에 대한 면밀하고 철저한 탐색의 필요성이 대두되지 않았다는 것을 이해할 수 있습니다. [제자가-옮긴이] 자기 자신에 대한 모든 것을 발설하거나 자신의 사소한 비밀들을 털어놓아 스승이 제자에게 전권을 행사하게 할 필요는 없었습니다. 전능한 지도자의 시선 아래 지속적이고 철저하게 자기 자신을 드러내 보이는 것은 고대의 지도 테크닉에서 본질적인 것이 아니었습니다.[23]

하지만 자기 점검과 고백을 거의 강조하지 않는 이러한 일반적 경향에도 불구하고 우리는 그리스도교 이전에 이미 자기 자신에 관한 진실을 발견하여 표명하기 위해 고안된 테크닉들을 분명히 발견할 수 있습니다. 그리고 이것들의 역할이 점차적으로 중요해지는 듯합니다. 이 테크닉들의 점증하는 중요성은 피타고라스 학파, 에피쿠로스 학파 등의 철학 학파에서 공동체 생활이 발전한 것과 연관되는 듯하고, 또 에피쿠로스 학파나 스토아 학파에서 의학적 모델에 가치가 부여된 것과도 연관되는 듯합니다.[24]

---

* 버클리대학 강연: 종종, 하지만 필수적인 것은 아니고, 젊을 때

23 푸코는 《안전, 영토, 인구》 1978년 2월 22일 강의와 《안전, 영토, 인구》, 258-262쪽(STP, p. 184-186).) 《생명 존재들의 통치에 관하여》 1980년 3월 12일과 19일 강의에서, 고대의 의식 지도가 갖는 특징들을 그리스도교의 지도가 갖는 특징들과 비교하면서 더 상세히 분석한다. 그는 《주체의 해석학》 1982년 3월 3일 두 번째 시간 강의와 3월 10일 강의에서 이 주제를 다시 다룬다(《주체의 해석학》, 389-393, 436-437쪽(HS, p. 345-348, 390-391)).

24 이 점들에 관해 더 명확히 살펴보려면 다음을 보라. Cf. 《주체의 해석학》, 135-140, 171-173쪽

이렇게 짧은 시간 안에는 그리스와 헬레니즘 문명의 변화를 대략적으로도 설명하기가 불가능하기 때문에 저는 로마 시대 철학자 세네카의 두 구절만을 다루고자 합니다. 이 두 구절은 그리스도교가 탄생할 즈음인 제정 시대 스토아주의자들에게 자기 점검 및 고백의 실천이 존재했다는 적절한 증거로 생각할 수 있습니다.[25] 첫 번째는 세네카의 〈분노에 관하여〉에 나오는 구절입니다. 읽어드리겠습니다. "하루 전체를 샅샅이 조사하는 이 습관보다 무엇이 더 아름답겠습니까? 자신의 점검 뒤에 찾아오는 잠은 어떠합니까! 영혼이 칭찬받고 혹은 훈계를 듣고 자신의 관찰자와 감찰관이 조용히 자신의 행동 일체를 알게 된 이후에 찾아오는 잠은 얼마나 고요하며, 얼마나 깊고 편안합니까! 저는 이런 힘을 활용하며 매일 저 자신에 대해 변론합니다. 불빛을 보이지 않

〔HS, p. 94-96, 131-133〕. 또한 다음을 보라. 《주체의 해석학》, 171쪽, 각주 18〔F. Gros, dans HS, p. 141, n. 18〕.

25   푸코는 자기 점검(혹은 의식 점검)의 고대적 실천을 몇 번이고 다시 연구한다. 《생명 존재들의 통치에 관하여》1980년 3월 12일 강의에서 고대의 의식 지도 실천과 그것이 그리스도교적 지도와 어떻게 차이가 나는지에 관해 길게 논의한 후, 그는 고대의 지도 테크닉에서 '중요하고 근본적인 부분'으로서의 그리스-로마의 의식 점검이라는 주제에 착수하며, 피타고라스주의자들과 로마 시대 스토아주의자들(세네카와 에픽테토스)을 연구한다. Cf. GV, p. 231-241. 반면 루뱅대학 1981년 4월 29일 강의에서는 설명하는 순서가 거꾸로였다. 푸코는 피타고라스주의자들과 세네카에게서 대중적인 종교 실천들과 동양의 종교들 내에서 자기에 관한 진실 진술을 분석하면서 고대 이교에서의 '자기에 관한 진실 진술'의 문제를 곧장 제기한다. 바로 그다음에 '타인에게 하는 고백'이라는 주제를 소개한다. Cf. MFDV, p. 91-97. 1982년 3월 24일 강의 후반부에서의 맥락은 또 달랐는데, '진실의 주체로서의 자기 자신의 시련(들)' 중 하나로서의, 불행에 대한 사전 명상과 죽음에 대한 명상을 다룬 연후에야 고대의 의식 점검에 대한 연구가 이루어졌다. 여기서 푸코는 먼저 피타고라스주의적 점검에 의거하고 나서 마르쿠스 아우렐리우스의 아침 점검 그리고 마지막으로 세네카와 에픽테토스의 저녁 점검에 의거한다. Cf. 《주체의 해석학》, 488-489, 506-513쪽〔HS, p. 444-445, 460-465〕. 이후 1982년 버몬트대학 세미나에서 푸코는 제정기 '침묵 수양'과 '경청의 기술'에 대한 성찰 속에서 스토아주의적 의식 점검을 다루며(cf. 〈자기의 테크놀로지〉, 《자기의 테크놀로지》, 58-62쪽〔M. Foucault, "Les techniques de soi," conférences cit., p. 1615-1618〕), 반면 1983년 논고에서는 무엇보다도 자기 훈련과 자기 테크닉으로서의 글쓰기라는 문제에 의거하여 의식 점검이라는 주제를, 특히 세네카와 마르쿠스 아우렐리우스에게서의 의식 점검이라는 주제를 언급한다. "의식 점검이 자기에 관해 쓰여진 이야기로 표명되었던 것은, 편지를 주고받는 관계 속에서였던 것 같고, 그러므로 결과적으로 자기 자신을 타인들의 시선 아래 두기 위해서였던 것 같다." Cf. M. Foucault, "L'écriture de soi," dans DE II, n° 329, p. 1247-1249. 마지막으로 '자기 수양'의 맥락에서 논의되는 의식 점검은 다음을 참조하라. Cf. 《자기 배려》, 68-69쪽(〈제2장 자기 연마〉, 항목2의 첫 두 문단), 81-83쪽(〈제2장 자기 연마〉, 항목4의 (b)〔SS, p. 65-66, 77-79〕.

는 곳으로 치우고, 저의 습관을 잘 아는 아내가 침묵할 때, 저는 하루 전체를 점검하며 제가 행한 것과 말한 것을 다시 돌아봅니다. 저는 저 자신에게 어떤 것도 숨기지 않습니다. 어떤 것도 지나치지 않습니다. 제가 왜 제 잘못에 대해 제 앞에서 두려워하겠습니까? 그때 저는 말합니다. "그런 짓을 더는 하지 않도록 조심하라! 이제 너를 용서한다. 그 토론에서 너는 신랄했다. 이후로는 무지한 자들과 말을 섞지 마라! 전혀 배우지 못한 사람들은 배우려 들지 않는 법이다. 너는 정도 이상으로 기탄없이 훈계했다. 그래서 너는 바로잡았다기보다는 공격했던 것이다."[26]

　　세네카, 섹스티우스,[27] 에픽테토스, 마르쿠스 아우렐리우스 등과 같은 스토아주의자들의 교설에 따르면 모든 과오들은 동등하다고 상정되는데,[28] 그들이 의식 점검에 이처럼 많은 중요성을 부여하는 것을 보면 어딘가 역설적인 측면이 있습니다. 그러므로 오류 하나하나를 자문해야 할 필요는 없었습니다. 하지만 이 구절을 좀 더 자세히 살펴보면, 우선 세네카는 얼핏 보기에 사법적인 어휘를 사용하는 것을 알 수 있습니다. 세네카는 cognoscere de moribus suis, 즉 자신의 행실을 점검하다라든지 causam meam dico, 즉 변론을 하다와 같은 표현을 사용하는데 이건 모두 전형적으로 재판과 관련된 어휘들입니다. 그러므로 주체는 자

26　〈분노에 관하여 III〉,《세네카의 대화: 인생에 관하여》, 김남우, 이선주, 임성진 옮김, 까치, 2016, 164쪽〔Sénèque, De ira, III, 36, 2-4, dans Dialogues, t. I, trad. Fr. A. Bourgery, Paris, Les Belles, 2003, p. 103〕. 세네카의 〈분노에 관하여〉의 이 구절에 대한 푸코의 다른 주해들은 다음을 참조하라. Cf. GV, p. 235-241 ; MFDV, p. 94-97;《주체의 해석학》, 199, 508-511쪽〔HS, p. 157, 461-464〕; 〈자기의 테크놀로지〉,《자기의 테크놀로지》, 60-62쪽〔"Les techniques de soi," conférences cit., p. 1616-1618〕; Fearless Speech, éd. J. Pearson, Los Angeles, Semiotext(e), 2001, p. 145-150;《자기 배려》, 81-83쪽〔제2장 자기 연마〉, 항목4의 (b)〔SS, p. 77-79〕. 또한 다음을 보라.《주체의 해석학》, 508쪽 각주 17〔F. Gros, dans HS, p. 469, n. 17〕.

27　아버지 퀸투스 섹스투스는 기원전 1세기 로마 철학자로, 신피타고라스주의적 성향과 스토아주의적 성향을 띠었으며, 세네카는 〈분노에 대하여 III〉, p 35, 1에서 그를 언급한다.

28　이 점에 대해 더 상세히 보려면 다음을 참조하라. Cf. MFDV, p. 94.

기 자신과 관련해 재판관인 동시에 피고인이기도 합니다. 세네카의 의식 점검에서 주체는 양분되어 재판의 무대를 구성하는 듯합니다. 세네카는 재판관에게 자신의 죄를 고백하는 피고인과 같고 재판관은 세네카 자신입니다. 하지만 좀 더 면밀하게 살펴보면 세네카가 사용한 어휘들이 사법과 관련되기보다는 관리와 훨씬 더 관련된 어휘임을 알 수 있습니다. 그것은 재산 관리와 관련된 어휘이고 영토 관리와 관련된 어휘입니다. 예를 들어 세네카는 자신이 speculator sui, 즉 자신의 사찰자라고 말합니다. 즉 자기가 자기 자신을 면밀히 시찰하고, 자신과 함께 자기가 보낸 하루하루를 점검한다totum diem meum scrutor, 혹은 자신의 언행과 행실을 평가한다는 것입니다. 그리고 세네카는 remetior라는 단어를 사용합니다. 그는 징벌해야 하는 재판관이라기보다는 작업이 종료되거나 한 해가 지나가면 회계를 마감해 결산하고 모든 것이 제대로 되었는지 점검하는 관리자와 같습니다. 그는 자신의 과거와 관련해 (책임을 묻는-옮긴이) 재판관이라기보다는 자기 자신을 부단히 점검하는 관리자입니다.

세네카가 범하고 또 자책하는 과오들의 예는 이런 관점에서 대단히 흥미진진합니다. 그는 누군가를 비판한 것에 대해 자책하고, 그를 개선시키기는커녕 상처 준 것에 대해 자책합니다. 혹은 세네카는 자신을 이해할 능력이 없는 사람들과 대화를 했다고 말하기도 합니다. 그가 스스로 말하듯이 이 과오들은 실제로는 과오들이 아닙니다. 실수입니다. 그러면 왜 실수를 범했을까요? 현자가 스스로에게 설정해야 할 목표들을 세네카가 잘 의식하고 있지 못했거나, 그 목표들로부터 도출해야 할 행동 규칙들을 올바르게 적용하지 않았기 때문입니다. 목표와 수단을 제대로 조정하지 못했다는 의미에서의 실수인 것입니다. 세네카가 이 과오들을 상기하는 것이 스스로를 징벌하기 위해서가 아니라는 점도 의미심장합니다. 그는 적용했어야 할 규칙들을 그저 상기하는 것을 목표로 삼습니다. 이러한 상기의 목적은 근본적인 철학 원리들을 재활성화하고 그것들의 적용을 재조정하는 데 있습니다. 그리스도교의 고백에서 고해자는 자신이 저지른 죄악들을 발견하기 위해 계율을 상기해야 합니다. 하지만 스토아주의의 실천에서 현자는 기본적인 규칙들을 재활성화하기 위해 자신의 행위들을 상기해야 합니다.

그러므로 이 의식 점검을 다음과 같이 간략하게 특징지을 수 있습니다.

1) 이 점검〔을 통해〕 중요한 것은 주체 안에 숨겨진 진실을 찾아내는 것이 결코 아닙니다. 중요한 것은 오히려 주체가 망각한 진실을 상기하는 것입니다. 2) 주체가 망각하고 있는 것은 자기 자신도, 자기 자신의 본질도, 자기 자신의 기원도, 초자연적 친화력도 아닙니다. 주체가 망각하고 있는 것은 그가 했어야 했던 것, 다시 말해 그가 배운 일련의 행동 규칙입니다. 3) 하루 동안 범한 실수들을 상기하는 것은 실제로 행한 바와 행해졌어야 했던 바 사이의 거리를 측정하는 데 유용합니다. 4) 이러한 자기 점검을 실천하는 주체는, 다소 모호해서 해독되어야 하는 어떤 절차의 수련장이 아닙니다. 주체는 행동 규칙들이 기억의 형태로 집결하고 기록되는 지점입니다. 주체는 현동화되어야 하는 일련의 기억들과 규칙화되어야 하는 행위들이 교차하는 지점을 구성합니다.

저녁에 하는 이 자기 점검은 예를 들어 도덕계율서의 지속적 독서(현재), praemeditatio malorum〔불행에 관한 사전 명상〕으로 잘 알려진, 삶 속에서 일어날 수 있는 불행들에 대한 점검(가능성), 매일 아침 하루 동안 수행해야 할 과업들의 열거(미래), 그리고 마지막으로 저녁의 의식 점검(과거)²⁹ 등과 같은 다른 일련의 스토아주의 수련들* 속에서 그 논리적 위상을 갖습니다. 보시다시피 이 일련의 수련 내에서 자기는 해석되어야** 할 주체와 관련된 소여의 영역으로 간주되는 것이 아닙니다. 주체는 있을 수 있거나 실제적인*** 행동의 시련에 자진해 임합니다.

　자기 자신에게 하는 일종의 고백을 구성하는 이러한 의식 점검 다음으로 제가 논의하고자 하는 것은 타자에게 하는 고백입니다. 친구일 수도 있고 조언자일 수도 있고 인도자일 수도 있는 어떤 타인에게 자기 자신의 영혼의 상태를 드러내어 보여주는 행위 말입니다. 이것은 철학적 삶에서는 별로 발달되지 않았습니다. 하지만 에피쿠로스 학파와 같은 몇몇 철학 학파 내에서 전개된 실천이었고 또 아주 잘 알려진 의학적 실천이기도 했습니다. 의학 문헌은 이러한 자기 고백과 자기 설명의 예들로 넘쳐납니다. 갈레노스의 《영혼의 정념과 오류에 관한 시론》³⁰이 그렇습니다. 아니면 플루타르코스는 《덕의 완성에 대하여De profectibus in virtute》에서 이렇게 쓰고 있습니다. "병든 사람들 중에서 의학을 받아들이는 사람들도 많지만 의학을 거부하는 사람들도 있다. 영혼의 수치스러움, 자신의 욕망, 불안, 탐욕, 색욕 등을 숨기는 자는 향상될 가능성이 거의 없다. 사실 자신의 병을 말하는 것은 자신의

29　푸코는 《주체의 해석학》에서, 특히 1982년 3월 3일, 24일 강의에서 이 훈련들에 대해 상세히 연구한다. Cf. 《주체의 해석학》, 381-396, 488-501, 502-512쪽(HS, p. 338-351, 444-454, 457-464).
*　버클리대학 강연: 그 모두는, 일어날 수 있는 모든 상황에서의 행동 규범과 반응 규범을 항구적 태도 안으로 통합하는 수단들인데,
**　버클리대학 강연: '해석되어야' 대신 '발견되어야'라고 한다.
***　버클리대학 강연: 과거 혹은 미래의
30　Galien, *Traité des passions de l'âme et de ses erreurs*, trad. Fr. R. Van Der Elst, Paris, Delagrave, 1914. 푸코는 《주체의 해석학》 강의 1982년 3월 10일 강의 두 번째 시간 초반부에서 갈레노스의 《영혼의 정념들과 그 오류들에 관하여》를 더 길게 분석한다. Cf. 《주체의 해석학》, 421-426쪽(HS, p. 378-382). 또한 다음을 보라. 《자기 배려》, 75-76쪽(《제2장 자기 연마》, 항목3의 세 번째 문단)(M. Foucault, "La Parrêsia," *Anabases*, n° 16, 2012, p. 170-173 et SS, p. 72).

사악함을 드러내는 것이다. 자신의 사악함을 숨기면서 쾌락을 취하기보다 그것을 인정하는 것은 향상의 징후이다."[31]

　　세네카의 또 다른 텍스트도 고대 말에 고백이 어떤 것이었는지를 알려주는 예로 사용될 수 있습니다. 〈평상심에 관하여〉의 초반부를 봅시다. 세네카의 젊은 친구 세레누스가 세네카에게 조언을 부탁합니다. 이것은 아주 정확히 말해서 자신의 영혼의 상태에 대한 진찰을 요청한 것입니다. "제가 의사에게처럼 당신에게 진실을 말하지 못할 이유가 있겠습니까? [……] 저는 지금 최악의 상태는 아니지만 상당히 불편하고 고통스러운 처지에 있습니다. 병에 걸린 것은 아니지만 건강하지도 않습니다"[32]라고 세레누스가 말합니다. 세레누스는 불안을 느끼는 상태에 있습니다. 그가 말하길, 자신은 전진하지 못하고 불안정하게 흔들리고 있는 배 위에 있는 것처럼 느낍니다. 그리고 그는 이런 상황 속에서 접근할 수 없게 된 견고한 육지와 언덕을 바라보면서 바다에 머물러 있기를 두려워하고 있습니다. 그래서 세레누스는 이 상태에서 벗어나기 위해 세네카에게 조언을 구하기로, 또 자신의 상태를 그

31　〈덕을 쌓는 사람은 어떻게 알아볼 수 있는가〉, 《플루타르코스의 모랄리아-교육·윤리 편》, 392-393쪽(Plutarque, *Des progress dans la vertu*, 81 F-82 A, dans *Œuvres morales*, t. I-II, trad. fr. A. Philippon, Paris, Les Belles Lettres, 2003, p. 178): "의사의 도움을 필요로 하는 사람 중에 치아나 손가락이 아픈 자는 곧바로 이런 병을 치료하는 의사를 찾아가고, 열이 있는 자는 의사를 집으로 불러서 그들의 도움을 간청하지. 그러나 우울증, 광란 또는 정신착란의 증상이 있는 자들은 병의 난폭성 때문에 자신이 병든 것도 모르는 채 의사의 방문을 참지 못해 의사를 쫓아버리거나 그에게서 도망친다네. 잘못을 저지르는 것 역시 마찬가지라네. 치료 불능인 자들은 자신을 힐책하며 훈계하는 사람들에 대해서 바로 적의를 품고 야만적인 태도를 취한다네. 반면에 참을성 있게 훈계를 따르고 환영하는 사람들은 심한 곤경에 처하는 일이 더욱 적다네. 왜냐하면 잘못을 저지른 사람이 자신을 힐책하고, 자신의 문제가 무언지 말하고, 자신의 비행을 들춰내는 사람들의 말을 따르고, 자신의 과오를 숨기기 싫어하거나 오히려 자신의 과오를 고백하는 데서 만족을 구하며, 자신을 힐책하며 훈계를 줄 누군가가 필요함을 느끼는 것은 덕 쌓기 진전이 일어나는 작지 않은 증거이기 때문이네."

32　〈평상심에 관하여〉, 《세네카의 대화: 인생에 관하여》, 앞의 책, 260쪽(Sénèque, *De la tranquillité de l'âme*, I, 2, dans *Dialogues*, t. IV, trad. fr. R. Waltz, op. cit., p. 71). 세네카의 〈평상심에 관하여〉에 대한 푸코의 다른 주해는 다음을 참조하라. cf. GV, p. 235; MFDV, p. 97-101; 《주체의 해석학》, 125-126, 165-168, 190-192쪽(HS, p. 86, 126-129, 150-151); Fearless Speech, op. cit., p. 150-160. 〔《담론과 진실 파레시아》 328-342쪽에도 관련 내용이 수록되어 있다.-옮긴이〕

에게 고백하기로 결심합니다. 세레누스는 verum fateri를 원한다고, 즉 세네카에게 진실을 고백하고 싶다고 말합니다.*

그런데 세레누스가 세네카에게 고백하고자 하는 이 verum, 요컨대 진실은 무엇일까요? 세레누스가 자신의 과오, 은밀한 생각, 수치스러운 욕망 그리고 이와 유사한 것들을 고백하는 걸까요? 전혀 아닙니다. 세레누스가 말하는 내용은 별로 중요하지 않은, 적어도 우리가 보기에는 중요하지 않은 사소한 것들의 열거처럼 보입니다. 예를 들어 세레누스는 아버지로부터 물려받은 식기를 사용하고 있고, 대중 연설을 할 때 쉽사리 격분한다는 등의 말을 세네카에게 합니다. 하지만 이런 외관상의 무질서 하에서도 세 가지 영역, 즉 부의 영역과 정치적 생활의 영역, 명예의 영역과 같은 구별되는 세 영역이 그의 고백에 존재하는 것을 쉽게 확인할 수 있습니다. 즉 부를 획득하는 일, 국가와 관련된 일에 참여하는 일, 여론의 지지를 얻는 일 등의 영역 말입니다. 이것들은 자유인에게 가능한 세 가지 유형의 활동, 당대의 철학 학파들이 제기하던 일반적인 세 가지 도덕적 문제였던 것입니다. 그러므로 세레누스가 하는 고백의 범주는 그의 삶의 현실적 추이에 의해 규정되는 것이 아니었습니다. 고백의 범주는 현실적인 경험, 영혼이나 영혼을 구성하는 요소들에 관한 이론에 의해서 규정되는 것이 아니라 인간이 행할 수 있는 다양한 유형의 활동, 인간이 추구할 수 있는 다양한 목표에 의해서만 규정되는 것이었습니다. 세레누스는 이 각각의 영역에서 자기 마음에 드는 것과 들

* 버클리대학 강연: 이 마지막 두 문장들 대신 다음과 같이 쓰여 있다. 그래서 세레누스는 이 상태로부터 벗어나기 위해 세네카에게 진실을 고백하기로 결심합니다. 하지만 이 고백을 통해서, 자기 자신의 상태를 이렇게 기술함으로써 그는 세네카에게 그것에 관한 진실을 자기에게 말해달라고 요구합니다. 요컨대 세레누스는 진실을 고백하는 동시에 진실을 결여하고 있는 것입니다.

지 않는 것을 언급함으로써 자신의 태도를 드러냅니다. "이것은 내 맘에 든다placet"라는 표현은 이 분석을 주도하는 선입니다.[33] 세레누스는 친구들에게 도움 주는 것을 좋아하고 간소하게 식사하는 것을 좋아하며 유산으로 물려받은 것에 만족하지만 타인들의 호화로운 연회도 좋아하며 혹은 후대가 자기 말을 기억해주기를 바라면서 연설 양식을 과장하는 것도 좋아합니다. 이런 식으로 자기가 좋아하는 것을 드러내 보여주지만 심층의 욕망이 무엇인지를 폭로하려고 애쓰지는 않습니다. 그의 쾌락은 후에 그리스도교인들이 육욕concupiscentia이라 부르게 될 바를 폭로하기 위한 수단이 아닙니다. 세레누스에게 관건은 자신의 상태이고 또 도덕률에 대한 인식에 무엇인가를 부가하는 것입니다. 이미 알고 있는 것에 부가된 이것은 어떤 힘인데, 그것은 순수한 인식, 단순한 의식을 진정한 삶의 양식으로 변형시킬 수 있는 그런 힘입니다. 그리고 바로 이것이 세네카가 일련의 논거, 논증, 설득 수단을 사용할 때 하고자 하는 바입니다. 그것은 세레누스의 영혼 깊은 곳에 있는 아직 알려지지 않은 진실을 발견하기 위해서가 아니라 보편적 진실이 얼마나 진실된 것인지를 설명하기 위한 것입니다. 세네카의 목표는 일정한 이론적 원리들에 외부로부터 오는 강제력을 덧붙이는 것이 아니라 이 원리들을 승리하는 힘으로 변형시키는 것입니다. 세네카는 진실에 힘의 지위를 부여하는 것입니다.[34]* 하

---

33   다음을 참조하라. 〈평상심에 관하여〉, 《세네카의 대화: 인생에 관하여》, 앞의 책, 261-262쪽〔Sénèque, *De la tranquillité de l'âme*, I, 5-15, op. cit., p. 72-74.

34   푸코가 '힘으로서의 진실'이라는 주제를 이야기하는 것 자체는 분명 처음 등장하는 것은 아니다. Cf. 예를 들어 《지식의 의지에 관한 강의》, 110-116, 123-125쪽〔VS, p. 71-74, 81-82〕; 《"사회를 보호해야 한다"》, 72-75쪽〔"Il faut defendre la société," *Cours au Collège de France. 1975-1976*, éd. M. Bertani et A. Fontatna, Paris, Seuil-Gallimard, 1997, p. 45-46〕; GV, p. 37-38, 98-99; MFDV, p. 17. 그럼에도 불구하고 여기서 이 주제는 표현 방식으로 다뤄지고 있으며, 새로운 틀 내에서 다뤄지고 있기도 하다. 이 새로운 틀은 푸코의 콜레주드프랑스 1981-1982년 강의들에서 곧 재론될 텐데, 거기서 푸코는 고대의 자기 수련'ascèse, askêsis을 '진실의 실천'으로 제시한다. 즉 "주체의 존재를 변화"시키고 그 '주체

의 존재의 변화'를 '진실의 훈련을 가로지르고 진실의 훈련을 수단으로 삼는, 그 자체를 최종 목적으로' 구성하는 것을 목표로 하는 일련의 실천들로 제시하는 것이다. 그 강의에서 푸코는 다음과 같이 명확히 말한다. "이 진실이 주체에 영향을 미쳐"야 한다 해도, "주체가 참된 담론의 대상이 된다"는 것은 (그리스도교에서와는 달리) 생각할 수 없는 일이다. 파라스케우에(채비, 장비), 즉 고대의 자기 수련이라는 주제는, 푸코의 설명에 따르면 주체로 하여금 그가 곧바로 반응해야 하는 삶의 사건들에 맞서서 그렇게 할 수 있도록 필요한 장비를 갖추게 하는 것을 목적으로 한다. 이 장비는 로고이(담론들)로 구성되어 있는데, 이것들은 실제로 "유도적인 가치나 효율성 내에서 담론들이 존재하는 순간부터―이 담론을 소유한 사람의 머리·사유·마음·신체에 나타나는 순간부터―그가 자발적으로 행위하게끔 하는 행위 유도적인 도식들입니다. 마치 차츰차츰 자신의 이성·자유·의지와 일체가 되어 그가 해야 할 바를 말할 뿐만 아니라 필요한 합리성의 방식에 따라 해야 할 바를 행하면서 주체를 위해 말하는 자기logoi 자체와 같기라도 한 것처럼(《주체의 해석학》, 352쪽)" 말이다. 그리고 푸코는 다음과 같이 결론짓는다. 즉 고대의 자기 수련은 "진실 말하기(……)가 주체의 존재 방식으로 구축되게"(《주체의 해석학》, 356쪽) 해주며, 요컨대 고대의 자기 수련의 의미와 기능은 본질적으로 "참된 담론의 주체화"(《주체의 해석학》, 358쪽)를 확보하는 데 있다. Cf. 《주체의 해석학》, 277, 345-356, 358쪽(HS, p. 233, 303-313, 316). 또한 다음을 보라. 〈자기의 테크놀로지〉, 《자기의 테크놀로지》, 63-64쪽(M. Foucault, "Les techniques de soi," conférences cit., p. 1618); "L'écriture de soi," art. cit., p. 1238 ; "L'éthique du souci de soi comme pratique de la liberté(자유의 실천으로서의 자기 돌봄의 윤리)," entretien cit., p. 1532. 그러나 이 모든 텍스트들에서 '힘으로서의 진실'이라는 주제는 더 이상 나타나지 않는다는 것을 강조해야 할 듯하다.

*   버클리대학 강연: "그의 쾌락은 후에 그리스도교인들이 〔……〕 힘의 지위를 부여하는 것입니다."가 다음으로 대체되었다. 그[세레누스―옮긴이]에게 중요한 것은 가능한 한 정확하게, 자신이 무엇에 여전히 꺼들리고 있는지, 자신이 무엇으로부터 이미 멀어져 있는지, 자신이 무엇과 관련해서는 자유롭고 또 어떤 외부 사물들에는 의존적인지를 지적하는 것입니다. 그가 계획하는 verum fateri는 심층의 비밀들을 백일하에 드러내는 것이 아닙니다. 중요한 것은 오히려 그가 주인이 아닌 사물들에 묶인 관계들입니다. 그것은 행동 규범의 틀 내에서의 자유의 일종의 대차대조입니다. 그것은 과거의 과오들을 열거하는 것이 아니라, 의존의 상태입니다.

하지만 더 멀리 나아가야 합니다. 세레누스는 단지 자기 영혼의 진정한 상태를 설명하기 위해 고백한 것이 아니라 세네카가 세레누스 자신에 관한 진실을 알려주길 바라고 고백한 것입니다. 그런데 세레누스가 필요로 했던, 세네카에게 보여달라고 요구했던 이런 종류의 진실은 무엇일까요? 진단일까요? 그것은 사실 세레누스가 말한 것, 그리고 세네카가 세레누스에게 준 것입니다. 그리고 이 진단은 "이게 너야", "이게 너를 괴롭히는 은밀한 불행들이야"라고 선언하는 데 있지 않습니다. 세네카는 그저 이렇게 말할 뿐입니다. "네가 낫지 못할 병을 앓고 있다고 믿지 마. 너는 자신이 치유되었다는 걸 깨닫지 못하는 오래된 환자야." 세네카는, 덕들의 terra firma로 인도할 것임에 틀림없는 길 위에 서도록 세레누스를 돕습니다. 그는 정확한 현재 위치를 측정합니다. 하지만 진단 그 자체만으로는 보시다시피 분석이 너무 부족합니다. 그건 세네카가 말한 것 중에서도 가장 작은 부분일 뿐이고, 〈평상심에 관하여〉라는 논고는 이보다 훨씬 많은 것을 말하고 있습니다. 이 논고에서 세네카가 제시하는, 세레누스의 가려운 곳을 긁어줄 대답은 어떤 것일까요? 철학적 이론일까요? 전혀 아닙니다. 도덕적 격언에 대한 새로운 설명일까요? 세레누스가 그따위 것을 필요로 하지 않으리라는 것은 분명합니다. 세레누스는 고백하면서, 철학적 삶에 필수적인 주요 도덕 원칙들을 아주 잘 알고 있다고 말한 바 있습니다. 세레누스가 필요로 하는 진실은 보충적 인식이 아닙니다. 그가 필요로 하는 것은 자기가 소유한 인식에 덧붙여지는 어떤 것, 자기 자신의 상태에 대한 인식과 도덕적 격언들에 대한 인식에 덧붙여질 수 있는 어떤 것입니다. 이미 인식된 것에 추가되는 것은 인식이 아니라 어떤 힘, 순수 인식과 단순한 의식을 진정한 삶의 양식으로 변화시킬 수 있는 힘입니다. 세네카가 일련의 논증, 증명, 설득력 있는 예시 들을 이용해 하려고 하는 것, 세네카가 세레누스에게 전달하고자 하는 것이 바로 이것입니다. 여지껏 인식되지 않은 채로 남아 있는 세레누스의 진실을 발견하기 위해서가 아니라, 이렇게 말해도 괜찮다면, 어떤 점에서 진실이 진실된지를 세레누스에게 설명하기 위해서 말입니다. 세네카의 담론이 목표로 하는 바는 몇몇 이론적 원리들에, 다른 곳에서 비롯되는 강력력을 덧붙이는 것이 아닙니다. 세네카의 담론이 목표로 하는 것은 진실을 정한 상태를 설명하기 위해 고백한 것이 아니라 세네카가 세레누스 자신에 관한 진실을 알려주길 바라고 고백한 것입니다. 그런데 세레누스가 필요로 했던, 세네카에게 보여달라고 요구했던 이런 종류의 진실은 무엇일까요? 진단일까요? 그것은 사실 세레누스가 말한 것, 그리고 세네카가 세레누스에게 준 것입니다. 그리고 이 진단은 "이게 너야", "이게 너를 괴롭히는 은밀한 불행들이야"라고 선언하는 데 있지 않습니다. 세네카는 그저 이렇게 말할 뿐입니다. "네가 낫지 못할 병을 앓고 있다고 믿지 마. 너는 자신이 치유되었다는 걸 깨닫지 못하는 오래된 환자야." 세네카는, 덕들의 terra firma로 인도할 것임에 틀림없는 길 위에 서도록 세레누스를 돕습니다. 그는 정확한 현재 위치를 측정합니다. 하지만 진단 그 자체만으로는 보시다시피 분석이 너무 부족합니다. 그건 세네카가 말한 것 중에서 가장 작은 부분일 뿐이고, 〈평상심에 관하여〉라는 논고는 이보다 훨씬 많은 것을 말하고 있습니다. 이 논고에서 세네카가 제시하는, 세레누스의 가려운 곳을 긁어줄 대답은 어떤 것일까요? 철학적 이론일까요? 전혀 아닙니다. 도덕적 격언에 대한 새로운 설명일까요? 세레누스가 그따위 것을 필요로 하지 않으리라는 것은 분명합니다. 세레누스는 고백하면서, 철학적 삶에 필수적인 주요 도덕 원칙들을 아주 잘 알고 있다고 말한 바 있습니다. 세레누스가 필요로 하는 진실은 보충적 인식이 아닙니다. 그가 필요로 하는 것은 자기가 소유한 인식에 덧붙여지는 어떤 것, 자기 자신의 상태에 대한 인식과 도덕적 격언들에 대한 인식에 덧붙여질 수 있는 어떤 것입니다. 이미 인식된 것에 추

승리하는 힘, 억제할 수 없는 힘으로 변화시키는 것입니다. 세네카는 진실에 힘으로서의 지위를 부여하는 게 틀림없습니다.

가되는 것은 인식이 아니라 어떤 힘, 순수 인식과 단순한 의식을 진정한 삶의 양식으로 변화시킬 수 있는 힘입니다. 세네카가 일련의 논증, 증명, 설득력 있는 예시 들을 이용해 하려고 하는 것, 세네카가 세레누스에게 전달하고자 하는 것이 바로 이것입니다. 여지껏 인식되지 않은 채로 남아 있는 세레누스의 진실을 발견하기 위해서가 아니라, 이렇게 말해도 괜찮다면, 어떤 점에서 진실이 진실된지를 세레누스에게 설명하기 위해서 말입니다. 세네카의 담론이 목표로 하는 바는 몇몇 이론적 원리들에, 다른 곳에서 비롯되는 강제력을 덧붙이는 것이 아닙니다. 세네카의 담론이 목표로 하는 것은 진실을 승리한 힘, 억제할 수 없는 힘으로 변화시키는 것입니다. 세네카는 진실에 힘으로서의 지위를 부여하는 게 틀림없습니다.

여기로부터 몇 가지 결과가 발생합니다. 1) 세레누스의 고백과 세네카의 조언 게임에서 보시다시피 진실은 실재와의 일치를 통해 정의되는 것이 아니라 원리들에 내재하고 담론 속에서 전개되어야 하는 힘으로 정의됩니다. 2) 이 진실은 의식의 배면이나 아래, 요컨대 영혼의 가장 어두운 심층부에 은폐된 어떤 것이 아닙니다. 진실은 개인을 어떤 목표 쪽으로 끌어당기는 인력, 일종의 자기력과 같이 개인 앞에 있는 어떤 것입니다. 3) 이 진실은, 개인 안에 실재하는 것으로 가정되는 것을 분석적으로 탐색해 획득될 수 있는 것이 아니라 현자의 삶에 도달하고자 하는 모든 사람에게 적절한 것에 관한 웅변적 설명을 통해 획득될 수 있는 것입니다. 4) 이 고백은 일정한 개인적 특성들의 발견에 의해 세레누스*를 개별화하는 방향으로 진행되는 것이 아니라 어떤 불연속도 없이 동시에 인식의 주체이자 의지의 주체일 수 있는 자기를 구축하는 방향으로 진행됩니다. 5) 이러한 고백과 조언의 실천은 그리스인들이 오랫동안 gnômê[35]라 불러왔던 것의 범주 내에 존속하고 있습니다. 그노메는 의지와 인식의 일치를 지시하는 말입니다. 이 말은 또한 진실이 강력한 힘 속에서 출현해 사람들의 영혼에 각인되도록 만드는 격언을 지시하기도 합니다. 그러므로 그리스 혹은 헬레니즘과 로마 철학 내에서 모델로 제시된 이런 유형의 주체는 기원후 1세기와 같이 늦은 시기에 이르기까지 격언적 자기라고 말할 수 있습니다. 이 격언적 자기 내에서 진실의 힘과 의지의 형태가 일체를 이룹니다.

이 격언적 자기 모델에서 우리는 자기 자신에 대한 진실을 말해야 할 필요성, 스승의 역할과 스승의 담론의 역할, 자기의 출

---

* 버클리대학 강연: 제자를

35 푸코는 이미 1972년 미국에서 두 차례 열렸던 <오이디푸스의 지식>이라는 강연에서 gnômê에 대해 말한 바 있다. 사실 소포클레스의 《오이디푸스 왕》에서 그노메는, 테크네와 더불어, 오이디푸스의 지식과 권력의 근본적 속성이다. 오이디푸스가 스핑크스의 수수께끼를 풀었다고 단언하는 것은 그노메 덕분이기 때문이다. 푸코는 그노메가 누군가로부터 어떤 것을 배우는 지식의 양식과 대립하며, 반대로 그노메는 "그 누구로부터도 배울 수 없는" 지식이라고 설명한다. Cf. 《지식의 의지에 관한 강의》, 335-339쪽(M. Foucault, "Le savoir d'Œdipe(오이디푸스의 지식)," dans LVS, p. 239-240). 또한 다음을 보라. M. Foucault, "La vérité et les formes juridiques(진실과 사법 형식들)," conférences cit., p. 1434. 푸코는 《생명 존재들의 통치에 관하여》의 1980년 1월 23일 강의에서, 여전히 《오이디푸스 왕》을 독서하는 맥락에서 더 상세한 방식으로 이 낱말, 즉 그노메, 즉 진실을 탐구하거나 발견한 연후에 얻어지는 지식에 대립되는 "견해, 의견, 사유 방식, 판단 방식"을 재론한다. 더 구체적으로는 "그노메는, [기원전-옮긴이] 5세기 그리스의 정치-사법적 어휘의 일부를 이루는 기술적 단어"로, 정치적 토론 도중이나 사법 절차에 뒤이어서 시민들이 내놓는 의견을 가리킨다. Cf. GV, p. 55 et 66. 이 주제에 대해 푸코가 표명한 바들의 가능한 출처들로는 또한 다음을 보라. J.-P. Vernant et P. Vidal-Naquet, *Mythe et tragédie en Grèce ancienne*(고대 그리스의 신화와 비극), Paris, F. Maspero, 1972 ; repris dans J.-P. Vernant, *Œuvres, Religions, Rationalités, Politique*(작품, 종교, 합리성, 정치), Paris, Seuil, 2007, t. I, p. 1102, 1147, 1156, 1160. 그렇지만 이 강연들에서 푸코는 그노메에 "의지와 인식의 일치"인 동시에 "진실이 강력한 힘 속에서 출현해 사람들의 영혼에 각인되도록 만드는 간결한 문장"이라는 해석을 부여하는 듯하다. 유사한 방식으로 푸코는 루뱅대학 1981년 5월 6일 강의에서 gnômê라는 낱말을 (고대의 의식 지도라는 맥락에서) 언급하면서, 자신은 [그 낱말로-옮긴이] 인식과 격언, 진실과 규칙을 동시에 가리켰다고 설명한다. Cf. MFDV, p. 130. 바로 이러한 까닭에, 비록 《주체의 해석학》에서 그노메라는 낱말이 사용되지는 않지만, 1982년 2월 17일 강의 전반부에서 푸코가 《루킬리우스에게 보내는 편지들》 초반부에서 제자에게 한 충고"에 대해 말할 때 관건이 되는 바가 바로 그것이라 생각할 수 있다. 거기서 세네카는 루킬리우스에게 명상 훈련을 제안하는데, 그 명상 훈련은 "일반적인 지식을 취하는 수양 과정을 통해 이루어지"기보다는 오히려 "그리스의 아주 오래된 테크닉에 따라, 진실의 발화인 동시에 가르침의 발화인, 단언인 동시에 가르침 문장들로, 명제들로 이루어진"다. Cf. 《주체의 해석학》, 293-294쪽(HS, p. 250).

현으로 최종적으로 귀착되는 긴 도정 등과 같은 몇 가지 구성 요소들을 발견했습니다. 이 모든 요소들은 그리스도교의 자기 테크놀로지에서도 발견되지만 대단히 다른 조직 방식을 가지고 있었습니다.[36] 이 말씀을 드리고 결론을 내리겠습니다. 헬레니즘 로마 철학에서 자기 점검과 고백을 검토해본 결과, 보시다시피 자기는, 발견하거나 지극히 모호한 텍스트처럼 해독해야 하는 어떤 것이 아니라고 말해야 할 것 같습니다. 이 작업(자기 점검과 고백-옮긴이)은 자기 자신의 가장 어두운 부분을 백일하에 드러내는 일이 아님을 알 수 있습니다. 반대로 자기는 발견해야 하는 것이 아니라 진실의 힘을 빌어 구축해야 하는 것입니다. 이 진실의 힘은 스승의 담론의 수사학적 자질에 있고 또 이 수사학적 자질은 제자 자신이 인식하고 있는 진정한 원리들에 비추어 볼 때 자신이 사는 방식은 어떤 상태에 있는지를 설명해야 하는 제자의 설명에 부분적으로 의존합니다. 이렇게 자기를 목표로 구성하는 것, 제가 격언적 자기라 명명한 자기를 자기 점검과 고백이 지향하는 표적과 목표로 구성하는 것은 그리스도교의 자기 테크놀로지에서 우리가 발견할 수 있는 것과 근본적으로 다르다고 생각합니다.[37] 그리스도교의 자기 테크놀로지에서 문제는 자기 자신 안에 은폐된 것을 발견하는 데 있습니다. 그리스도교의 자기는 우리가 해독해

---

36   푸코에 따르면, 그리스도교는 고대 철학이 고안한 여러 자기 테크닉들을 '계승'하면서도, 그 테크닉들을 다른 틀 안에 편입시킨다. 그 틀은 권력 행사의 새로운 양식들, 그리고 진실을 추출하는 전대미문의 형식들로 특징지어진다. 이러한 맥락에서의 자기 테크닉들은 실제로, "자신의 공덕이 분석적인 방식으로 판별되는" 주체, "연속적 복종의 네트워크에 종속된 주체, 자신에게 강요된 진실의 추출 행위를 통해 주체화되는" 주체를 출현시키면서, 고대적 테크닉들에 반대되는 주체성의 효과들을 획득한다. Cf. 《안전, 영토, 인구》, 264쪽(STP, p. 188).

37   《주체의 해석학》 1982년 3월 24일 강의 후반부에 푸코는 이렇게 단언한다. 철학적 자기 수련은 "자기 포기라는 궁극의 지점으로 귀결되어야 하는 필연적 포기들의 순서를 확정하는 것을 본질적 기능으로 갖는 그리스도교적 자기 수련의 유형이 전혀 아니다". 반대로 철학적 자기 수련은 "참된 인식의 주체를 곧은 행동의 주체로 구축하는 일정한 방식"이며, 주체는 "시련으로 지각되고 재인되고 실천된 세계를 자기 자신의 상관물로" 부여한다. Cf. 《주체의 해석학》, 513쪽(HS, p. 465).

야 할 텍스트나 책과 같은 것이지, 의지와 진실의 중첩과 중과를 통해 구성되어야 하는 어떤 것이 아닙니다. 고대 이교 문명의 자기 구성과는 아주 다른 그리스도교도의 자기 구성은 현대 자기의 계보에 대단히 결정적인 어떤 것입니다. 그리고 바로 이 점을 다음주에 우리가 다시 만나게 되면 설명하고자 합니다. 감사합니다.*[38]

---

*   버클리대학 강연: "5) 이러한 고백과 조언의 실천은……"부터 이 강연의 끝부분까지가 다르다. 5) 만약 고백과 조언의 역할이 힘으로서의 진실에 자리를 내주는 것이라면, 자기 점검이 거의 동일한 역할을 갖는다는 것을 쉽게 이해할 수 있습니다. 우리가 앞서 살펴본 바에 따르면, 세네카가 저녁마다 자신의 실수들을 떠올리는 것은 도덕적 지도 격언들을 암기하기 위한 것이며, 이 기억은 진실이 영혼 안에 항구적으로 머무르며 활동할 때 진실이 갖는 힘에 다름 아닙니다. 개인과 그의 내적 담론 안에 자리한 항구적 기억, 스승의 조언 속에 자리한 설득력 있는 수사, 이것이 힘으로 간주되는 진실의 양상들입니다. 그러므로 우리는 자기 점검과 고백이 고대 철학에서 진실 게임[38]으로 간주될 수 있었다는 결론에 이를 수 있습니다. 이 진실 게임은 중요하지만 그 목적은 개인 내부에서 은밀한 현실을 발견하는 것이 아닙니다. 이 진실 게임의 목적은 개인을, 기억의 현존과 담론의 효력을 통해 진실이 실제적 힘으로서 나타나고 또 작용할 수 있는 장소로 만드는 것입니다.
이러한 자기 점검과 고백의 실천이, 그리스인들이 오랫동안 그노메라고 일컬어 온 틀 속에 있음을 우리는 볼 수 있습니다. 이 그노메라는 표현은 의지와 인식의 일치를 지시합니다. 이 말은 또한 진실이 강력한 힘 속에서 출현해 사람들의 영혼에 각인되도록 만드는 격언을 지시하기도 합니다. 그리스 철학의 첫 번째 형식에서 시인들과 성스러운 사람들은 보잘것없는 필멸자들에게, 이런 종류의 그노메를 통해, gnômai를 통해, 즉 아주 짧고 아주 명령적이며, 시적인 빛에 의해 너무나 근본적으로 빛나는 까닭에 그 것들을 잊어버리거나 그 힘을 피하는 것이 불가능한 그런 gnômai를 통해, 진실을 말했습니다. 자기 점검과 고백, 예를 들어 세네카에게서뿐만 아니라 마르쿠스 아우렐리우스와 에픽테토스 등에게서도 발견하실 수 있는 그런 자기 점검은, 기원후 1세기처럼 뒤늦은 시기에도 역시 여전히 이 gnômê의 일종의 전개였다는 것을 보실 수 있으리라고 생각합니다. 이렇게 우리는 고대 철학에 의해서, 그리스-로마 철학에 의해서 모델과 표적으로서 제시되는 유형의 자기를 격언적 자기라고 부를 수 있습니다. 이 자기에서 진실의 힘은 의지의 형태와 일체가 됩니다.
요컨대 자기는 진실의 힘을 통해서 구축되어야 한다는 것입니다. 이 힘은 개인의 기억 능력 속에, 스승의 담론이 갖는 수사학적 자질 속에 있으며, 그것들은 부분적으로 기억의 기술과 설득의 기술에 의거합니다. 이것들은 해석의 기술이 아닌, 기억술과 수사학의 기술들에 연결된, 고대 세계의 일종의 자기 테크놀로지입니다. 자기 관찰, 자기 점검, 자기 해석은 그리스도교 이전까지는 자기 테크놀로지에 개입하지 않을 것입니다. 이 점에 대해서는 내일 설명드리겠습니다. 감사합니다.
38   《철학자 사전》의 "푸코" 항목에 넣기 위해 푸코가 쓴 자기소개에서 그는 '진실 게임'을 "한 주체가 어떤 것들에 관해 말할 수 있는 것을 참과 거짓의 문제에 속하게 하는 규칙들"의 총체로 정의한다. Cf. M. Foucault, "Foucault," dans DE II, n° 345, p. 1452. 또한 다음을 보라. M. Foucault, "L'éthique du souci de soi comme pratique de la liberté," entretien cit., p. 1544. 1979-1980년도 콜레주드프랑스 강의에서 '게임'과 특히 '진실 체제'라는 개념들은 결정적 중요성을 갖게 된다. 바로 이 개념들을 통해 푸코가 기원후 첫 몇 세기 동안의 그리스도교 분석에 착수하기 때문이다. Cf. GV, pp. 81-84, 99. 그 후로 푸코가 '진실 체제'라는 말로 의미하고자 하는 바에 대한 설명으로는 다음을 참조하라. cf. GV, p. 91-99. 반면 이와는 다른 '진실 체제'의 첫 번째 정의에 대해서는 다음을 참조하라. cf. M. Foucault, "La fonction politique de l'intellectuel(지식인의 정치적 역할)," dans DE II, n° 184, p. 112. 마지막으로 발화 행위speech act로서의 고백, 그리고 "언어 게임에서는 상당히 낯선 형상"으로서의 고백의 분석에 대해서는 다음을 참조하라. cf. MFDV, p. 4-10.

그리스도교와 고백

(1980년 11월 24일)

미셸 푸코가 다트머스대학에서 행한 두 강연

오늘 강연 주제는 지난주와 동일합니다. 자기에 대한 해석적 분석이라 부를 수 있는 것이 우리(서구-옮긴이) 사회에서 어떻게 형성되었는가 혹은 그리스도교 사회와 현대 사회에서 자기해석학이 어떻게 형성되었는가 하는 주제 말입니다. 아주 일찍이 고대 그리스, 헬레니즘, 로마 시대의 문화에서 자기 점검이나 고백과 같은 테크닉들이 발견되기는 하지만 그리스-로마의 자기 테크닉들—고전적 테크닉들—과 그리스도교에서 전개된 자기 테크닉들 간에는 대단히 큰 차이가 있다고 생각합니다. 그리고 오늘 저녁 강연에서 저는 현대의 자기해석학이 고전적 테크닉들보다는 그리스도교의 테크닉들에 더 뿌리를 두고 있다는 것을 보여드리고자 합니다. 오늘날 우리 사회와 문화에서 그노티 세아우톤gnôthi scauton은 우리가 생각하는 것보다 훨씬 더 적은 영향력을 갖고 있습니다.[1]*

---

1   푸코는 고대의 그노티 세아우톤gnôthi seauton과 현대의 '너 자신을 알라' 간의 불연속성을 몇 번이나 다시 강조한다. 버클리에서의 "Howison Lecutres"에 이어지는 토론에서도 그렇다(cf. 이 책, 126쪽). 또한 다음을 참조하라. 《주체의 해석학》, 58, 486-488쪽(HS, p. 16, 443-444). 여기서 푸코는 "명시적이든 함축적이든 간에 주체에 대한 일반적이고 보편적인 이론을 상정하는 그노티 세아우톤의 연속적인 역사를 구축"해서는 안 되고 '너 자신을 알라'라는 전통적인 원리에 의미—가변적이고 역사적이며 결코 보편적이지 않은 의미—를 부여하기 위해서는 성찰성 형식들의 분석론을 시작해야 하고, 성찰성 형식들의 근간 역할을 하는 실천의 역사부터 연구하기 시작"해야 한다고 단언한다.

*   버클리대학 강연: 강연의 첫 부분이 다르다. "어제 저녁 제가 한 말을 오늘 저녁에 간략하게 요약해달라는 몇몇 분들의 요청이 있었습니다. TV 연속극에서 하듯 간단히 요약해보겠습니다. 지난 회에서는 무슨 일이 일어났을까요? 사실 그다지 중요하지 않은 일이 있었습니다. 저는 왜 제가 자기 점검과 고백의 실천에 관심을 갖게 되었는지를 설명하려고 했습니다. 이 두 실천은 제가 보기에 중대한 문제, 즉 현대의 자기의 계보의 좋은 증거라고 생각합니다. 이 계보는 여러 해 전부터 제가 골똘히 생각해온 것이었습니다. 그것은 전통적인 주체 철학으로부터 벗어나기 위한 방법 가운데 하나이기 때문에 저는 이 계보의 대강을 테크닉의 관점, 즉 제가 자기 테크닉이라 부르는 바의 관점에서 설명하려고 합니다. 그리고 이 자기 테크닉 가운데 현대 사회에서 가장 중요하다고 생각되는 것은 주체에 대한 해석적 분석, 요컨대 자기해석학과 관련된 테크닉들입니다. 이 자기해석학은 어떻게 구축된 것일까요? 바로 이것이 이 두 강연의 주제입니다. 어제 저녁 저는 그리스와 로마의 테크닉들, 적어도 그중 자기 점검과 고백이라는 두 테크닉을 논했습니다. 헬레니즘 시대와 후기 로마 시대 철학에서 자기 점검과 고백이 아주 빈번하게 발견되는 것은 사실입니다. 이것들이 그리스도교의 고백과 자기 점검의 원형일까요? 이 것들이 현대의 자기해석학의 최초의 형태일까요? 저는 이것들이 (그리스도교의 고백과 자기 점검-옮긴이)과 아주 다르다는 것을 보여드리려고 했습니다. 그리스-로마(의 자기 점검과 고백-옮긴이)의 목적은 개인의 심층 속에 은폐된 진실을 해독해내는 것이 아니라고 생각합니다. 그 목적은 의지와 진실의 이상적 통일로서 자기 자신을 구축하는 것입니다. 이제 서구의 자기해석학의 요람인 그리스도교로

아시다시피 그리스도교는 고백의 종교입니다. 이것이 의미하는 바는 그리스도교가 종교를 실천하는 자들에게 진실의 의무를 부과하는 특수한 유형의 종교라는 것입니다.[2] 이러한 의무는 그리스도교에 다수 존재합니다. 예를 들어 그리스도인은 교의를 구성하는 일련의 명제들이 참이라고 간주해야 합니다. 혹은 어떤 책들을 진실의 항구적 원천으로 여겨야 합니다. 심지어는 진실과 관련해서 일정한 권위자들이 내리는 결정을 그대로 받아들여야 할 의무가 있습니다.[*]

하지만 그리스도교는 제가 방금 언급한 의무들과는 또 다른 진실의 의무를, 그것들과는 매우 다른 형태의 진실의 의무를 요청합니다. 모든 그리스도인은 자신이 누구인지 알고, 자신 안에서 일어나는 일을 알아야 할 의무가 있습니다. 그는 자신이 범했을 수도 있는 과오들을 알아야 합니다. 그는 자신이 노출된 유혹을 알아야 합니다. 그뿐만 아니라 그리스도교에서 각자는 이러한 것들을 타인들에게 말해야 할 의무가 있습니다. 그러므로 그는 자기 자신에 관해 증언해야 할 의무가 있습니다.[3]

방향을 돌려보도록 합시다.

2   '진실의 의무'라는 말로 푸코는 두 가지를 의미한다. "한편으로는 그것이 종교적 신념의 차원에서건 과학적 지식의 승인의 차원에서건 그것을 믿고 받아들이며 전제로 삼을 의무입니다. 그리고 다른 한편으로는 우리 자신의 진실을 인식할 뿐만 아니라 또한 그것을 말하고 현시하고 인증할 의무입니다." Cf. M. Foucault, *Entretien de Michel Foucault avec Jean François et John de Wit*, dans MFDV, p. 249-250.

*   버클리대학 강연: "아니 더 나아가……"부터 시작해 단락의 끝부분이 다르다: 그리스도교의 가톨릭 계열에서는 적어도 진실과 관련해 일정한 당국의 결정을 받아들여야 할 의무가 있습니다. 일정한 것들을 믿을 의무뿐만 아니라 자신이 그것을 믿는다는 것을 현시해야 할 의무가 있습니다. 모든 그리스도인은 자신의 신앙을 현시할 의무가 있는 것입니다.

3   그리스도교의 "진실의 의무들"과 유사한 기술記述로, 한편으로는 믿음과 교의와 성서의 축이 있고, 다른 한편으로는 자기와 고백의 축—"자기 자신의 진실을 탐색하고 자기 자신의 진실을 구원의 조건으로서 해독解讀하고 그 진실을 다른 사람들에게 그것을 현시할" 의무가 있다. Cf. MFDV, p.89-91 그리고 "le technique de soi," conférences cit., p. 1623-1624. 반면 콜레주드프랑스 1979-1980년도 강의에서 푸코는 두 개의 서로 다른 "진실 체계들", 즉 믿음의 체계와 고백의 체계에 대해 이야기하면서 이 양극성, 그리스도교를 가로지르는 이 "특별한 긴장"을 설명한다. Cf. GV, p. 81-82, 99-100.

몇 가지 사항을 지적하고자 합니다. 이 두 일련의 의무, 즉 신앙, 성서, 교의와 관련된 의무와 자기, 영혼, 마음과 관련된 의무는 서로 결부되어 있습니다. 그리스도인에게 늘 전제되어 있는 것은, 그가 자기 자신을 탐색하고자 하면 신앙의 빛이 도와준다는 것, 또 상호적으로, 영혼의 정화 없이 신앙의 진실에 도달한다는 것도 생각할 수 없다는 것입니다. 라틴어 경구로 성 아우구스티누스가 말했던 것처럼요. 다 아실 걸로 믿습니다. Qui facit veritatem venit ad lucem.[4] 이것이 의미하는 바는 이렇습니다. Facere veritatem, 즉 "자신 안에서 진실을 밝혀내다" 그리고 venire ad lucem, 즉 "빛에 접근하다" 입니다. 자기 안에서 진실을 밝혀내고 신의 빛에 접근하는 이 두 절차는 그리스도인의 경험 속에서 긴밀하게 결부되어 있습니다. 하지만 진실과 맺는 이두 관계는 아시다시피 불교에서도 역시 긴밀하게 연결되어 있었고 초기 영지주의 운동 전반에 걸쳐 결부되어 있었다는 것을 발견할 수 있습니다. 하지만 불교[5]에서든 영지주의 운동에서든, 진

---

4   《고백록》, (Saint Augustin, *Les confessions*, Livre X, I, 1, dans *Œuvres de saint Augustin*, t. XIV, trad. fr. E. Tréhorel et G. Bouissou, Paris, Études augustiniennes, 1996) : "당신이 진리를 사랑하셨고(시편 51, 8), 무릇 그를 행하는 자 빛으로 나아오느니(요한 3, 21)"("Ecce enim veritatem dilexisti, quoniam qui facit eam venit ad lucem"). 성 아우구스티누스는 신약성서 "요한 복음서" 3장 21절을 바꿔 말한 것이다. "그러나 진리를 실천하는 이는 빛으로 나아간다. 자기가 한 일이 하느님 안에서 이루어졌음을 드러내려는 것이다."

5   1978년, 일본에 머무는 동안 푸코는 불교 신비주의인 듯한 선불교와 그리스도교 신비주의의 테크닉들 간의 관계에 대하여 전문가들과 토론할 기회를 가졌다. Cf. D. Defert, "Chronologie," dans DE I, p. 74. 그때 푸코는, 그리스도교 영성과 그 테크닉들이, "네가 누구인지 내게 말하라"를 통해 "개인의 영혼 심층"에 있는 것을 탐험하기 위해 "언제나 더 많은 개인화"를 추구하는 반면, 선과 불교적 영성의 테크닉들은 개인의 중요성 약화를 추구하고 "탈개인화désindividualisation" 혹은 "탈주관화désubjectivisation"를 지향한다고 단언한다. 푸코에 따르면, 그러므로, 선과 그리스도교 신비주의를 비교할 수는 없다 하더라도, 그들의 테크닉들은 비교 가능하다. Cf.《철학의 무대》, 51-52쪽(M. Foucault, "La scène de la philosophie"(entretien avec M. Watanabe)) et "Michel Foucault et le zen: un séjour dans un temple zen"(propos recueillis par C. Polac), dans DE II, n° 234 et 236, p. 592-593 et 621. 푸코는, 언제나 대중 넘어가긴 하지만, 이러한 비유를 몇 번이나 다시 다루게 될 텐데, 때로는 주체와 진실 간의 관계라는 의미 내에서 이 비교를 거부하기도 할 것이다. Cf. GV, p. 183 et Sexualité et solitude," conférence cit., p. 991. 거기서 푸코는 이렇게 단언한다. "어떤 그리스도인이 만일 자기 자신을 측량하고자 한다면 그는 믿음의 빛을 필요로 한다. 그리고 반대로, 그의 영혼이 정화되어 있지 않다면 그가 진

실과 맺는 이 두 관계는 거의 동일시되는 그런 식으로 서로 결부되어 있었습니다. 영지주의자들은 자기 자신 안에서 진실을 발견하는 것, 즉 영혼의 진정한 속성과 그 진정한 기원을 해독하는 것은 빛에 접근하는 것과 일체를 이룬다고 간주합니다.[6]*

반면 정통 그리스도교의 주된 특징들 중 하나, 그리스도교와 불교 간의 중요한 차이들 중 하나, 그리스도교가 신비주의자들[7]을 불신하는 주된 이유들 중 하나 그리고 그리스도교의 가장

실에 접근할 수 있으리라고 생각할 수 없다. 불교도 마찬가지로 빛을 향해 나아가야 하고 빛에서 진실을 발견해야 한다. 하지만 이 두 의무들 간의 관계는 불교에서와 그리스도교에서 완전히 다르다. 불교에서 그것은 개인으로 하여금 그가 누구이고 진실이 무엇인지를 발견하도록 인도하는 계시와 동일한 유형이다. 자기의 계시인 동시에 진실의 계시인 이 계시 덕분에 개인은 자기가 환상에 불과했다는 것을 발견한다."

6   1979-1980년 콜레주드프랑스 마지막 강의에서 푸코는, 구원의 종교로 확립되고자 했던 그리스도교가, 영지주의 운동으로 특징지어지던 완전함이라는 오만으로부터 떨어져 나와야 할 필요가 있었다고 이야기한다. 영지주의 운동에서 영혼은 신성을 이루는 하나의 불티이다. 이렇게 "영지주의에서는, 신을 인식하는 것과 자기를 스스로 인식하는 것이 동일"하다. 자기를 인식하는 것과 신을 기억하는 것은 동일시된다. Cf. GV, p. 303-304. 푸코는 또 《주체의 해석학》첫 번째 강의에서, 주체성과 진실이 맺는 관계들의 역사라는 관점에서 영적 인식을 다룬다. 거기서 그는 분명 영지주의를, 주체와 진실이 맺는 관계를 이해하는 주요하고 역사적으로 지배적인 두 가지 방식, 즉 현대의 '철학적' 방식과 고대의 '영적' 방식 모두와 관련해 예외적인 어떤 것으로서 제시한다. 그리고 나서 1982년 2월 17일에 푸코는, 자기 인식의 두 '모델들', 즉 그가 '기억의 기능'(스스로 주체의 존재를 상기)을 갖는다고 간주하는 플라톤 모델과 영지주의 모델 그리고 그가 '해석의 기능'(영혼 안에서 생산되는 내적 운동들의 본성과 기원을 탐지)을 갖는다고 간주하는 그리스도교 모델을 비교한다. 마지막으로 1982년 3월 17일 강의 첫 번째 시간에 푸코는, 3세기 말부터 수도원 제도들 한복판에서 그리스도교 영성이 두 가지 근본 원칙들, 자기 인식의 원칙과 신성한 요소로서의 자기 재인식의 원칙을 배척함으로써 영적 인식으로부터 해방되었다고 주장한다. Cf. 《주체의 해석학》, 60-61, 288-289, 445-447쪽[HS, p. 18, 246, 402-403]. 영적 인식에 관해서 푸코가 참조한 것으로 짐작되는 출처들에 대해서는 다음을 참조하라. Cf. M. Senellart, dans GV, p. 133, n. 6.

*   버클리대학 강연: 제가 어제 저녁 말씀드린 그리스 철학자들의 격언적 자기가 설령 진실의 힘과 의지의 형태에 대한 정당화로 구축됐다 해도, 거기에는 《토마 복음》[10]이나 마니교 텍스트에서의 기술記述들에서 찾을 수 있는 영지주의적 자기가 있다고 말할 수 있습니다. 이 영지주의적 자기는 물론 개인에게서도 발견되겠지만 시원적 빛의 잊혀진 편린, 잊혀진 불티로서 발견됩니다.

7   《안전, 영토, 인구》, 1978년 3월 1일 강의에서 푸코는 비슷한 방식으로, 사목 권력과 (모든 신자들에게 교의로서의 진실을 교육하고 각자의 영혼 심층에서 발견된 비밀로서의 진실을 추출하는 것에 근거하는) 그 '진실의 경제'로부터 본질적으로 빠져나가는 대항-품행의 형식으로서 신비주의 신학을 제시한다. Cf. 《안전, 영토, 인구》, 305-309쪽[STP, p. 215-217]. 콜레주드프랑스에서의 마지막 해 마지막 강의에서 푸코는 신비주의 신학에 대해 다시 이야기하는데, 이번에는 주변부에서이긴 하지만, 금욕적·수도원적 전통의 안티-파레시아의 축에 대항하여 존속한 "그리스도교적 파레시아의 축"으로서 논한다. "인간은 신에의 복종을 통해, 또 그 동일한 신에 대한 경외와 떨림 속에서, 자기에 관해, 타인들에 관해 드러내고 실천하도록 요구되는 파레시아적 의심의 거대한 기획"에 대항하는 그리스도교적 파레시아의 축으로서 논한다. Cf. CV, p. 307-308.

항구적인 역사적 특징들 중 하나는, 진실 의무의 이 두 체계, 즉 하나는 빛에의 접근과 관련된 체계이고 또 다른 하나는 진실을 밝혀내고 자기 안에서 진실을 발견해내는 것과 관련된 체계가, 루터 이후 개신교에서도 상대적 독자성을 유지하고 있었다는 점입니다. 그리스도교에서 영혼의 비밀과 신앙의 비밀, 자기를 비추는 빛과 성서를 비추는 빛은 정확하게 동일한 유형의 빛이 아닙니다. 이것들은 서로 다른 방법에 호소하며 특유의 테크닉들을 사용합니다.

종교개혁 전후의 이 복잡하면서도 종종 충돌하는 이들 관계의 유구한 역사는 일단 놔둡시다.[8] 저는 오늘 저녁 이 두 의무 체계 가운데 후자에 관심을 집중하고자 합니다. 저는 모든 그리스도인으로 하여금 자기 자신의 진실을 현시하도록 강제하는 의무에 관심을 집중해보고자 합니다. 그리스도교에서 고백과 자기 점검을 논할 때 우리는 의당 참회 성사와 교회 혹은 교회법에 따른 고해성사를 떠올립니다. 하지만 그것은 그리스도교에서 아주 뒤늦게 발생한 혁신이었습니다.[9] 초기 그리스도인은 완전히 다른 형태로 자기 자신의 진실의 현시를 체험하고 있었습니다. 그리고 자기 자신의 진실을 현시해야 한다고 하는 이러한 의무들은 참회 예식과 수도원 생활이라는 서로 다른 두 제도에서 발견하실 수 있습니다.[11]* 저는 우선 참회 예식을, 그리고 이 참회 예식과 결부

---

8   이 역사와 이 역사 속에서 개신교가 담당했던 복잡한 역할에 관해 더 명확하게는 다음을 보라. Cf. MFDV, p. 165-166.

9   푸코는 《비정상인들》 1975년 2월 19일 강의에서 그리스도교적 고백의 더 나중 실천들의 역사를 세밀하게 추적하고, 루뱅대학 1981년 5월 13일 강의에서 그것을 다시 이야기한다. Cf. 《비정상인들》, 208-230쪽(AN, p. 161-179) et MFDV, p. 182-189.

10   (68쪽 각주 *에 붙은 각주)송혜경, 《신약 외경 상권: 복음서》, 한남성서연구소, 2009, 304-353쪽(Évangile selon Thomas, dans Écrits apocryphes chrétiens, t. I, trad. fr. C. Gianotto, "Bibliothèque de la Pléiade," Paris, Gallimard, 1997, p. 23-53).

11   《생명 존재들의 통치에 관하여》 강의에서 푸코는 기원후 첫 몇 세기 동안 그리스도교 한복

되고 관계된 진실 의무를 검토해보고자 합니다. 저는 물론 이 참회 예식의 점진적 발전과 관련해 행해진 바 있고 또 여전히 행해지고 있는 논의들로 들어가지는 않겠습니다. 다만 중요한 점 하나, 초기 그리스도교에서 참회 예식은 행위가 아니었다는 점을 강조하고 싶습니다.** 초기 그리스도교에서 참회자는 여러 특징을 드러내는 하나의 신분 상태였습니다.[12] 심각한 죄를 하나 혹은 여럿 범한 그리스도인이 교회로부터 추방되는 것을 면하게 해주는 것이 이 신분의 역할이었습니다. 참회자 신분의 그리스도인은 많은 예식과 집단 의례에서 배제되었지만 그래도 이 참회자 신분을 통해 계속해서 그리스도인으로 남아 있을 수 있었고 또 복권될 수 있었습니다. 그리고 이 신분 상태는 장기간 지속되는 문제였습니다. 이 신분 상태는 금식의 의무, 의복 착용 규칙, 성관계 금지 등 참회자의 삶의 거의 대부분의 양태에 영향을 미칩니다. 그

판에서 개인적 진실을 현시하는 세 가지 주요 실천들을 분석한다. 세례, 교회 혹은 교회법에 따른 회개 그리고 의식 지도가 그것이다. 특별히 (무엇보다도 테르툴리아누스의 텍스트에서부터 다뤄진) 세례에 대해서는 1980년 2월 6일 강의 후반부와 2월 13일, 20일 강의가 할애되어 있다. Cf. GV, p. 101-158. 그러나 그 후의 강연들, 세미나 그리고 여러 논고들에서 이 동일한 주제에 접근할 때 푸코는 언제나 세례를 등한시하고 고해와 의식 지도, 즉 엑소몰로게시스와 엑사고레우시스에 몰두하는 쪽을 선택한다.

* 　　　　버클리대학 강연: "그리스도교에서 고백과 자기 점검을 논할 때 [……] 서로 다른 두 제도에서 발견하실 수 있습니다" 대신 다음과 같이 말한다: 그리고 그리스도교를, 해석해내야 할 책의 종교로 간주하는 대신 저는 그리스도교를, 해독해내야 할 자기의 종교로 간주하고자 합니다. 달리 말하면 그리스도교 전에도 이미 대표적으로 그리스의 책인 호머의 《일리아스》와 《오뒷세이아》가 그리스인들에게 해석의 소재였지만, 그리스적 자기는 해석의 소재가 아니었습니다. 저는 어제 여러분께, 그리스 철학자들이 고백과 자기 점검을 실천했음에도 불구하고 왜 그것이 해석의 소재가 아니었는지 보여드리고자 했습니다. 그리스도교에서 고백과 자기 점검을 논할 때 우리는 의당 참회 성사와 교회법에 따른 고해성사를 떠올립니다. 하지만 그것은 그리스도교에서 아주 뒤늦게 발생한 혁신이었고, 초기 그리스도인은 완전히 다른 형태로 자기 자신의 진실의 현시를 체험하고 있었고, 이 형태들은 제 생각에, 서구에서 자기해석학이 어떻게 시작되었는지를 이해하고자 한다면 결정적입니다.

** 　　　　버클리대학 강연: 결정된 행위

12　　　푸코는 이미 《비정상인들》 1975년 2월 19일 강의에서 초기 그리스도교에서의 참회에 대해 이야기한 바 있다(《비정상인들》, 205쪽(문단7-8)(AN, p. 159-160)). 게다가 그는 《생명 존재들의 통치에 관하여》 1980년 3월 5일 강의 내내 그리고 또 루뱅대학에서의 1981년 4월 29일 강의 후반부에서 초기 그리스도교에서의 참회에 몰두한다. Cf. GV, p. 189-210 et MFDV, p. 101-110. 마지막으로 푸코가 이 엑소몰로게시스의 실천에 관해 간략히 묘사하는 곳은 다음을 보라. 〈자기의 테크놀로지〉, 《자기의 테크놀로지》, 72-78쪽("les techniques de soi," conférences cit., p. 1624-1627).

리고 개인은 이 정도로 참회자 신분의 낙인이 찍히면 교회로 복귀해 복권된 후에도 일정한 금지(예를 들면 그는 성직자가 될 수 없다든가)를 받아들여야 합니다. 이렇듯 참회는 죄와 관련해서 하는 어떤 행위가 아니라 신분 상태, 생활에서의 일반적인 신분 상태였습니다.

하지만 이 신분 상태[를 구성하는-옮긴이] 요소들 가운데 진실을 현시할 의무*는 가장 중요했습니다. 죄를 말로 표현하는 것이 중요하다는 것이 아닙니다. 저는 대단히 부정확하고 모호한 표현을 사용했습니다. 제가 말하고자 하는 바는, 진실의 현시가 필연적이고 근본적으로 참회 신분 상태와 결부되어 있다는 것입니다. 사실 참회자와 관련된 진실 게임과 진실의 의무를 지시하기 위해 희랍 교부들은 매우 구체적인 동시에 매우 모호한 어휘, 엑소몰로게시스exomologesis[13]를 사용했습니다. 이 어휘는 너무나 구체적이어서 로마의 작가들조차도 번역하지 않고 이 그리스어 어휘를 그대로 사용했습니다.

엑소몰로게시스라는 용어가 의미하는 바는 무엇일까요? 아주 일반적인 의미에서 이 말은 어떤 사실의 인정을 의미합니다. 하지만 더 구체적으로 그 참회 예식에서 엑소몰로게시스는 무엇이었을까요?** 참회의 절차 끝에, 그 시작이 아닌 마지막에 복귀

---

*   버클리대학 강연 : 성 아우구스티누스가 말했던 facere veritatem의 의무

13   이 용어에 관해 더 명확한 설명은 다음을 보라. Cf. GV, p. 150-151, 197-198 et MFDV, p. 103. "오몰로게인omologein은 동일한 것을 말한다는 의미입니다. 그것은 동의하는 것이고 찬동하는 것이며 합의에 이르는 것입니다. 엑소몰로게인exomologein은, 실사實辭로 엑소몰로게시스exomologesis인 행위들을 지칭하기 위한 동사로, [말로-옮긴이] 동의하다가 아니라, 자신의 동의를 [몸소-옮긴이] 현시하는 것입니다. 엑소몰로게시스는 그러므로 자신의 동의, 인정, 어떤 것을 받아들인다는 사실, 즉 그 자신의 죄와 죄인임[됨]을 받아들인다는 사실의 현시일 것입니다. 바로 이것이 대략적으로 참회자에게 요구되는 엑소몰로게시스입니다." Cf. GV, p. 197.

**   버클리대학 강연은 초반부가 다르다: 이 용어가 의미하는 바는 무엇일까요? 아주 일반적인 의미에서 이 말은 어떤 사실의 인정, 어떤 사실의 진실에 대한 동의를 의미합니다. 하지만 그 참회 예식에서, 그 참회 예식과 관련해서는 사태가 다음과 같이 도식적으로 표현될 수 있다고 생각합니다. 죄인

하는 순간이 오면 여러 텍스트에서 어김없이 엑소몰로게시스라 부르는 어떤 에피소드가 발생했습니다. 어떤 묘사는 대단히 오래된 것이기도 하고 어떤 묘사는 아주 나중 시기의 것이기도 합니다. 하지만 이 모든 묘사는 거의 동일한 것들입니다. 예를 들어 2세기 말에 테르툴리아누스는 그 예식을 이렇게 기술합니다. "참회자는 거친 옷을 입고 재를 뒤집어쓴 군색한 차림이었다. 그는 손목을 잡혀 교회 안으로 이끌려 들어갔다. 그는 과부들과 성직자들 앞에 무릎 꿇고 그들의 옷자락에 매달리며 그들의 무릎을 포옹했다."[15] 그리고 이보다 한참 나중 시기인 5세기초 성 히에로니무스는 이와 동일한 방식으로 파비올라의 참회를 기술합니다. 파비올라는 잘 알려진 로마의 귀족 여인으로 그의 첫 남편이 죽기 전에 재혼했습니다. 이것은 대단히 나쁜 것이어서 그녀는 참회를 해야 했습니다. 그래서 성 히에로니무스는 그녀의 참회를 이렇게 기술합니다. 교회 복귀 시기였던 "부활절 전 며칠 동안 그녀는 참회자 신분에 있었는데, 주교와 성직자들 그리고 여러 사람들이 그녀와 함께 눈물을 흘리고 있었다. 그녀는 창백한 얼굴에 산발을 하고 손은 거칠었으며 재를 뒤집어쓴 머리를 겸손하게 숙인 채, 풀어헤친 가슴과 첫 남편을 유혹했던 얼굴에 상처를 내고 있

이 참회를 간청할 때 그는 주교에게 자신의 요구에 대한 이유들을 진술하는데, 달리 말해서 그는 자신이 저지른 과오들을 설명하는 것입니다.[14] 이러한 진술은 어쨌든, 아주 짧아야 했고 참회 자체의 일부를 이루지 않아야 했습니다. 이러한 진술 뒤에 참회가 이어졌던 것이지 이 진술이 참회의 일부를 이루었던 것이 아닙니다.

14 　　중요한 것은 《생명 존재들의 통치에 관하여》 1980년 5월 5일 강의와 루뱅대학에서의 1981년 4월 2일 강의에서 푸코가 성 키프리아누스를 인용하면서 언급하는 exposito casus 혹은 더 정확하게는 expositio causae이다. Cf. GV, p. 199-200 et MFDV, p. 104.

15 　　Tertullien, De la pudicité, XIII, 7, dans Œuvres de Tertullien, t. III, trad. fr. E.-A. de Genoude, Paris, Louis Vivès, 1852, p. 274: "……거친 옷으로 몸을 가리고 재를 뒤집어쓴 채 자신의 겉모습으로 슬픔과 낙담을 표현하는 손을 잡은 죄인, 너는 그 자를 과부들과 성직자들 앞에 공개적으로 엎드리게 하고 우리 형제들의 도움을 구걸하게 하며 그들 한 명 한 명의 발자취에 입을 맞추고 그들의 발 앞에 겸허히 웅크리게 한다."

었다. 그녀는 만인에게 해쓱한 몸 위 상처를 드러냈고, 로마는 눈물을 흘리며 그녀의 흉터들을 바라보았다."[16] 아마도 성 히에로니무스와 테르툴리아누스는 이런 것들[이런 표현들-옮긴이]에 좀 끌리는 경향이 있었던 것 같습니다. 하지만 성 암브로시우스와 다른 사람들에게서 우리는 참회자가 교회에 복귀하는 순간 극적인 자기 현시의 에피소드가 있었다는 사실을 명확히 보여주는 증거들을 발견할 수 있습니다. 그것이 바로 엑소몰로게시스였습니다.

그러나 엑소몰로게시스라는 용어는 이 최후의 에피소드에만 적용되는 것이 아닙니다. 엑소몰로게시스는 자신이 참회자의 신분을 유지하고 있는 동안에 교회로의 복귀 허가를 받아내기 위해 하는 모든 일을 지시합니다. 자신이 자신을 징벌하는 이 행동은 자신이 자신을 현시하는 행위와 불가분의 관계에 있습니다. 자기 징벌과 자발적 자기 표현은* 결부되어 있습니다.

3세기 중엽 성 키프리아누스와 편지를 주고받던 어떤 사람은, 예를 들어 참회하려는 자들은 "그들이 겪고 있는 고통을 현시하고 그들의 수치심을 표현하며 그들의 비천함을 현시하고 겸허를 보여줘야 한다"[17]고 적습니다.《교훈적 어록Paraenesis》에서 성 파키아누스는, 진정한 참회는 유명무실한 방식으로 행해져서는 안

---

16   Saint Jérôme, *Lettre LXXVII. À océanus, sur la mort de Fabiola*, 4-5, dans *Correspondance*, t. IV, trad. fr. J. Labourt, Paris, Les Belles Lettres, 2002, p. 43-45: "로마 전체 시민들이 바라보는 가운데, 부활절 전 며칠 동안, 옛날 옛적 카이사르의 양날 검에 참수된 라테라누스 때 있었던 대성당에서, 그녀는 참회자 신분에 있었는데, 주교와 성직자들 그리고 모든 사람들이 그녀와 함께 눈물을 흘리고 있었다. 그녀는 창백한 얼굴에 산발을 하고 손은 거칠었으며 재를 뒤집어쓴 머리를 겸손하게 숙인 채였다. (……) 그녀는 만인에게 해쓱한 몸 위 상처를 드러냈고, 로마는 눈물을 흘리며 그녀의 흉터들을 바라보았다. 그녀의 가슴은 풀어헤쳐져 있었고 머리에 아무 것도 걸치지 않았으며 입은 다물고 있었다. (……).그녀의 첫 남편을 유혹했던 얼굴에 그녀는 상처를 내고 있었다."

*   버클리대학 강연: '엄밀하게'라는 표현이 추가되어 있다.

17   Cyprien de Carthage, *Lettre XXXV*, III, 3, dans *Correspondance*, t. I, trad fr. L. Bayard, Paris, Les Belles Lettres, 2002, p. 91: "이것은 그러므로 그들이 자신들의 과오를 참회하고 자신들의 타락을 후회하며 신중한 태도를 보이고 겸손과 겸허를 현시하며, 자신들의 순종을 통해 신의 너그러움을 바라고 신의 긍휼이 그들에게 내리게 하는 시간이다."

되고 자루 옷, 재, 금식, 비탄, 기도하는 사람들 다수의 참여 등에서 그 도구들을 찾아야 한다고 말합니다.[18] 요컨대 초기 그리스도교 시대에 참회는 늘 자기 자신을 드러낼 의무를 통해 현시되는 생활 방식이었고 또 정확히 말해 엑소몰로게시스였습니다.

보시다시피 이 엑소몰로게시스는 징벌과 범죄를 조정하는 정확한 상관관계의 사법적 원칙에 따르는 것이 아닙니다. 엑소몰로게시스는 극적인 과장과 최대한의 연극성이라는 법칙에 따르고 있습니다. 엑소몰로게시스는 또한 언어 표현과 현실 간의 일치에 기초한 진실(진리)의 원리도 더 이상 따르지 않습니다. 보시다시피 이 엑소몰로게시스에는 참회를 말로 표현하는 것이 존재하지 않습니다. 고백도 없고 죄들의 언어적 열거도 없으며 죄들에 대한 분석도 없습니다. 신체적이고 상징적인 표현들만 있습니다.[19] 파비올라는 누군가에게 자신이 행한 일을 말함으로써 자신의 죄를 고백하는 것이 아니라 죄를 범한 육신과 육욕을 만인의 눈앞에 내어놓습니다. 그리고 역설적으로 엑소몰로게시스는 죄가 소

---

18   Pacien de Barcelone, *Paraenesis sive Exhortatorius libellus ad paenitentiam*, traduit en français sous le titre *Exhortation à la pénitence*, 12, dans *Le pécheur et la pénitence dans l'Église ancienne*, textes choisis, traduits en présentés par C. Vogel, Paris, Éditions du Cerf, 1966, p. 100: "완수해야 할 참회 행위들로 인해 수치심을 갖지 마시고, 지체 없이 가능한 한 빨리 악에 대한 적절한 치료법들에 도움을 청하고 당신의 마음을 비탄에 빠뜨리며 옷 대신 자루로 몸을 감싸고 재를 머리 위에 쏟아부으며 단식 상태에 머물고 그리하여 마침내 온 공동체의 개입에 힘입어 당신이 구조될 수 있도록 하십시오."

19   푸코가 엑소몰로게시스를 분석할 때엔 늘 그 극적이고 공적인 차원을 강조하는데, 이는 엑사고레우시스(죄에 대한 철저한 구두 표현 행위)와의 대비를 더 선명하게 드러내기 위해서이다. 엑소몰로게시스는 말하는 행위가 아니라 참회자의 삶과 신체와 몸짓의 거대한 극화이며, 거기서 언어 활동의 역할은 미비하다. 그것은 "완전히, 언어적이지 않은 표현의 요소들 쪽에 있으며, 설령 언어를 사용한다 해도, 기도한다 해도, 애원한다 해도 그건 자기가 저지른 죄를 말하기 위해서가 결코 아니라 자기가 죄인임을 단언하기 위해서입니다. (……) 이러한 엑소몰로게시스에서는 재가 말하고 거친 옷이 말하며, 옷차림과 고행과 눈물이 말하고, 언어적인 것은 표현적 기능만 뿐입니다." Cf. GV, p. 207. 엑소몰로게시스의 연극성과 비언어적 표현성에 대한 이러한 강조는, 형식적 관점에서만 그렇고 내용적 관점에서는 확실히 그렇지 않겠지만, 푸코의 고대 견유주의 연구에서도 유사하게 발견될 것이다. 고대 견유주의의 특수성은 분명 파레시아, 즉 진실 말하기에 있는데, 견유주의자들에게 파레시아는 오로지 혹은 무엇보다도 먼저 언어적 실천에 있지만, 그것은 "몸짓에서, 신체에서, 옷 입는 방식에서, 행동하고 살아가는 방식에서, 진실 그 자체에서" 가시적으로 드러나는 실존의 어떤 형태에 있다. Cf. CV, p. 159.

멸하는 순간, 세례로 얻은 순수성이 회복되는 순간이며 이것은 죄인이 자신의 더럽고 타락한 모습, 오염된 모습을 실제 있는 그대로 드러냄으로써 회복되는 것입니다.

테르툴리아누스는 그리스어 엑소몰로게시스exomologesis를 번역하기 위해 푸블리카치오 수이publicatio sui라는 말을 사용하는데요, 그리스도인은 자기 자신을 공개적으로 드러내 보여주어야 한다는 것입니다.[20]

자기 자신을 공개적으로 드러내 보여주어야 한다는 것은 두 가지를 행해야 한다는 뜻입니다. 그리스도인은 자기 자신이 죄인임을, 다시 말해 죄의 길을 선택하면서 순결보다는 불결을, 하늘보다는 땅과 먼지를, 신앙의 보배보다는 영적 빈곤을 선호한 자임을 보여줘야 합니다. 한마디로 그는 자신이 영생보다는 영적 죽음을 선호한 자임을 보여줘야 합니다. 바로 그렇기 때문에 엑소몰로게시스는 일종의 죽음의 상연이었습니다. 엑소몰로게시스는 죽음과 죽어가는 자로서의 죄인의 연극적인 상연이었습니다. 하지만 이 엑소몰로게시스는 또한 죄인이 이 세계로부터 해방되고 자신의 육신corps으로부터 해방되며 자신의 육욕chair을 파괴하고 새로운 영적인 삶에 도달하고자 하는 의지를 표명하는 방식이기도 했습니다. 그것은 죄인이 죄인으로서의 자신의 죽음을 갈망하는 연극의 상연이었습니다. 그것은 자기 포기의 극적 상연이었습니다.

그리스도교 교부들은 자기와 관련된 진실의 현시를 통해 이 엑소몰로게시스와 자기 포기를 정당화하고자 했고, 이를 위해

---

20   Tertullien, *La pénitence*, X, dans *Œuvres de Tertullien*, t. II, op. cit., p. 212: "그렇지만 대다수 사람들은 자신들을 공공연히 드러내 보이는ut publicationem sui 자백 앞에서 주저하듯, 혹은 날마다 다시 그렇게 하는 것을 주저하듯 참회 앞에서 주저한다."

여러 모델들을 동원했습니다. 잘 알려진 의학적 모델은 이교도 철학에서도 사용되었습니다. 치료받고 싶으면 의사에게 환부를 보여줘야 합니다. 교부들은 사법 모델도 이용합니다. 사람들은 언제나 자신의 과오를 자발적으로 고백함으로써 재판관의 감정을 누그러뜨립니다. 하지만 엑소몰로게시스의 필요성을 정당화하는 데 가장 중요한 모델은 순교 모델입니다.[21] 순교자는 자신의 신앙을 포기하느니 죽음에 직면하기를 선호하는 자입니다. 죄인은 이승에서의 삶을 유지하기 위해 신앙을 포기합니다. 이번엔 만인이 그 증인이 되는 일종의 순교, 그리고 참회, 아니 엑소몰로게시스로서의 참회에 해당하는 순교에 자신을 내맡기는 한에서만 그는 복권될 수 있습니다. 이러한 자기 현시는 개인의 정체성을 수립하는 역할을 하는 것이 아닙니다. 그것은 자신의 현재 상태를 극적으로 현시함으로써 자기의 거부, 자기와의 단절을 증언하는 데 사용됩니다. 스토아주의자들의 테크놀로지가 목표로 하는 바가 무엇이었는지 기억하실 겁니다. 제가 지난 강연에서 설명한 것처럼 그것은 규칙들의 지속적 상기를 통해 인식의 주체와 의지의 주체를 중첩시키는 데 있었습니다. 반면 엑소몰로게시스의 중심에 있는 격언은 "나는 더 이상 이전의 내가 아니다"[22] 입니다. 엑소몰로게시스는 스토아주의의 테크닉들과는 반대로 격렬한 단절 행위

---

21   순교의 모델은 또한 푸코가 콜레주드프랑스에서의 마지막 강의에서 전개한 바 있는 파레시아와 고대 견유주의에 대한 성찰에서 중요한 역할을 담당한다. 특히 1984년 2월 29일 강의에서 푸코는, 나지안조스의 그레고리우스가 그의 스물다섯 번째 설교에서 사용한 "marturôn tês alêtheias(진실의 증인이다)"라는 표현이 고대 그리스-로마 시대에 견유주의가 어떠했는지, 더 나아가 서구의 역사 전체 속에서 견유주의가 어떠할 것인지를 특징지을 수 있으리라고 본다. Cf. CV, p. 160.

22   Saint Ambroise, *La Pénitence*, X, trad. fr. R. Gryson, *Sources chrétiennes*, Paris, Éditions du Cerf, 1971, p. 193. 개심을 나타내는 단절을 묘사하기 위해 성 암브로시우스는 어느 젊은 남자의 이야기를 들려준다. 그는 한때 사랑했지만 이제는 사랑하지 않게 된 어느 소녀와 마주쳤을 때 그녀에게 말을 걸지 않는다. 소녀는 그가 자신을 알아보지 못했다고 믿고 그에게 "나야" 라고 말하지만 그는 이렇게 답한다. "하지만 난 더 이상 이전의 내가 아니야 ego non sum ego."

를 통해 자기와 관련된 진실과 자기 포기를 중첩시킵니다. 떠들썩한 고행의 몸짓을 통한 엑소몰로게시스에서의 자기 현시는 동시에 자기 파괴이기도 합니다.[23]*

---

23 《생명 존재들의 통치에 관하여》 1980년 3월 5일 강의 말미에 푸코가 "그리스도인의 겸손이 지닌 역설"이라고 부르는 것, 요컨대 "진실을 단언하는 동시에 그 진실을 지우며, 그 그리스도인을 죄인으로 규정하는 동시에 그가 더 이상 죄인이 아니라고 규정하는" 역설이 관건이다("나는 내가 죄인이라고 단언하는 만큼 보다 덜 죄인"이기 때문이다). Cf. GV, p. 209. 또한 다음을 참조하라. 〈자기의 테크놀로지〉, 《자기의 테크놀로지》, 76-77쪽(M. Foucault, "Les techniques de soi," conférences cit., p. 1626). 이 역설은 다음과 같은 사실로부터 나온다. 요컨대 엑소몰로게시스를 통해 우리는 "죽도록 죽고 싶다": 우리가 금식과 모든 것의 포기 등을 통해 현시하는 죽음은 "우리가 죽은 그 죽음인 동시에 우리가 죄를 지었기 때문에 표현하는 죽음이기도 하며, 또한 우리가 이 세계와 관련해 바라는 죽음이기도 합니다." 이렇게 우리가 죽어 있는 동시에 죽도록 죽어가고 있다는 것을 드러냄으로써, 한편으로는 죄인으로서의 자기 자신의 진실이 드러나게 하고, 다른 한편으로는 다시 태어날 수 있게 됨으로써 그 죽음을 지운다. Cf. GV, p. 208.

* 버클리대학 강연(여기까지의 세 문단이 다음과 같이 바뀌었다): 2세기 말부터 증언되는 이 형태는 그리스도교에서 아주 오랜 동안 잔존하게 될 텐데요, 15세기와 16세기에 너무나도 큰 중요성을 갖는 참회자들의 단체에 끼친 여파에서 그 형태를 발견할 수 있기 때문입니다. 여기서 진실이 현시되는 절차들은 복수複數이고 복합적이라는 것을 볼 수 있습니다. 어떤 엑소몰로게시스 행위들은 사적으로 일어나기도 했지만 대다수는 공적으로 호소되었습니다. 테르툴리아누스는 참회의 이러한 양상을 가리키기 위해 독특한 표현을 사용하는데, 바로 푸블리카치오 수이publicatio sui입니다. 참회자는 스스로를 죄인으로 표현하기 위해 말을 해야만 합니다. 말이라는 수단은 사용해야 하는 것입니다. 하지만 자기 현시에서 가장 중요한 것은 비언어적 부분, 즉 옷차림, 몸짓, 애원, 눈물 등입니다. 이 엑소몰로게시스, 푸블리카치오 수이에서 죄인은 명확한 기술記述이나 언어적 분석을 매개로 지시되기보다는, 주로 신체적이고 상징적인 표현을 매개로 지시됩니다. 자신의 신체를 드러냄으로써 파비올라는 죄를 범한 육체를 모든 이들의 면전에 놓습니다. 여기에는 어떤 역설이 있습니다. 푸블리카치오 수이는 실제로 두 역할을 담당합니다. 그것은 죄를 사라지게 하고, 죄를 지우며, 죄가 없어지게 하고, 세례를 통해 사라지게 하고, 세례를 통해 얻은 이전의 순수성을 되살리기 위한 것이지만, 또한 죄인이 자신의 더럽고 타락한 모습, 오염된 모습을 있는 그대로 드러내기 위한 것이기도 합니다. 참회를 이루는 대부분의 행위들은 죄의 진실을 말하는 역할을 담당하고 있지 않습니다. 참회를 이루는 대부분의 행위들은 그 죄인의 실제적인 존재를, 혹은 그 주체의 진정한 죄인임〔됨〕을 드러내는 역할을 합니다. 테르툴리아누스의 표현 푸블리카치오 수이는 죄인이 자신의 죄들을 설명해야 한다고 말하는 방식이 아닙니다. 이 표현이 의미하는 바는 죄인이 죄인으로서 죄인의 현실 속에서 스스로 자기의 죄를 만들어내야 한다는 것입니다.

그리고 이제 물음은 다음과 같습니다. 자기 자신을 죄인으로 현시하는 것은 왜 죄들을 사라지게 하는 데 효과적인 것으로 밝혀지는 것일까요? 이 문제를 일별하기 위해 그리스도교 교부들이 세 가지 모델의 힘을 빌렸다는 것을 말할 수 있습니다. 잘 알려진 의학적 모델에서 치유되기를 원한다면 자기 환부들을 보여줘야 합니다. 자주 활용되는 또 다른 모델은 법정과 재판의 모델입니다. 사람들은 언제나 자신의 과오들을 자발적으로 고백함으로써 재판관의 감정을 누그러뜨립니다. 최후의 심판 날에 악마는 죄인을 고발하기 위해 몸소 자리에서 일어날 텐데, 만약 죄인이 미리 앞서서 자기 자신을 고발해버린다면 그 원수는 잠자코 있는 수밖에는 별 도리가 없게 될 것입니다. 하지만 참회에서의 엑소몰로게시스의 필요성, 푸블리카치오 수이의 필요성을 정당화하기 위해 사용된 가장 중요한 모델은 완전히 다른 성질의 것입니다. 그것은 순교 모델입니다. 참회의 실천과 이론이 폭넓게 정교화된 것은 개종했다가 다시 개종 전 종교로 되돌아간 자들의 문제와 관련되었다는 사실을 잊지 말아야 합니다.[25] 순교자는 자신의 신앙을 포기하느니 죽음에 직면하기를 선호하는 자입니다. 배교자는 이승에서의 삶을 유지하기 위해 신앙을 포기하며, 그다음에는 모든 사람이 그 목격자가 될 모종의 순교를 자발적으로 무릅쓸 때에만 복귀할 수 있을 것입니다. 그리고 이 때 이 모종의 순교는 참회입니다. 요컨대 참회가 순교의 재생 수도원 제도에서의 고백으로 관심을 돌려보면 당연히 그것은 엑소몰로게시스와 매우 다릅니다. 기원후 초기 몇 세기 동안 그리스도교 제도에서는 엑소몰로게시스와는 아주 다른 고백의 형태를 발견하게 됩니다. 그것은* 수도원 공동체들에서 조직된 고백입니다.[24] 어떤 면에서 이 고백은 고대 이교 문명의 철학 학파들 내에서 실천된 수련에 가깝습니다. 이것은 놀라운 일이 아닙니다. 왜냐하면** 수도원의 삶은 진정한 형태의 철학적 삶으로 등장했고 또 수도원이 철학 학교로 등장했기 때문입니다. 고대 이교도 철학의 실천으로부터 기원하는 여러 테크놀로지들이 그리스도교 영성 내로 전이된 것이 분명합니다.

이 연속성과 관련해 세네카가 〈분노에 대하여〉에서 기술하고 있고 또 제가 지난번 강연에서 논의한 바와 동일한 형태, 동일한 형상, 동일한 관리적 성격을 가지고 있는 의식점검을 기술하는 증인인 성 요한 크리소스토모스를 인용하고자 합니다. 요한 크리소스토모스는 다음과 같이 말하는데, 여러분은 세네카에게서 완

산인 이상, 그것은 메타노이아(회개)와 변화이고 자기 자신 및 자기 과거와의 단절이며 이 세상 및 이전 삶 전체와의 단절입니다.[26] 이러한 자기현시에는 보시다시피 어떤 정체성을 확립하는 기능이 없습니다. 이 자기현시는 오히려, 우리 자신인 바를 극적으로 현시함으로써 자기의 거부와 자기와의 단절을 증언하는 구실을 합니다. Ego non sum ego(나는 더 이상 이전의 내가 아니다), 이것은 푸블리카치오 수이의 핵심에, 엑소몰로게시스의 핵심에 있는 격언입니다. 그리고 고행의 과시적 몸짓들은 죄의 상태를 죄의 진실 속에서 드러내는 동시에 단절의 진정성을 드러냅니다. 이것은 자기 폭로인 동시에 자기 파괴입니다. 스토아학파의 자기 테크놀로지가 무엇을 목표로 했었는지 기억하실 겁니다. 바로 규칙들을 끊임없이 재환기하는 방식으로 인식의 주체와 진실의 주체를 겹쳐 놓는 것이었습니다. 반대로 참회를 특징짓는 엑소몰로게시스, 푸블리카치오 수이는 격렬한 단절 행위를 통해 진실의 주체와 자기 포기의 주체를 겹쳐 놓고자 합니다.

* 버클리대학 강연: 우선은 동양의

24 푸코는 이미 사목 권력에 대한 그의 연구 범주에서 그리스도교에서의 의식 지도를 고대의 의식 지도와 대비시켜 다룬 바 있다. Cf. 《안전, 영토, 인구》, 258-262쪽(STP, p. 184-186). 푸코는 다음에서 고백의 이러한 형식을 상세히 재론하고 또 그것과 엑소몰로게시스 간의 차이점, 그것과 이교의 의식 지도 간의 차이점들에 대해서도 살펴본다. 《생명 존재들의 통치에 관하여》 1980년 3월 12일, 19일 그리고 26일 강의(GV, p. 219-307), 《악을 행하고 진실을 말하다》 1981년 5월 6일과 13일 강의(MFDV, p. 123-170) 그리고 〈자기의 테크놀로지〉, 《자기의 테크놀로지》, 79-86쪽 〔"Les techniques de soi(자기 테크닉)"(conférences cit., p. 1628-1632)〕.

** 버클리대학 강연: 이 그리스 철학은 동방 세계에 큰 영향을 끼쳤으며

전히 동일하거나 거의 동일한 말들을 발견하게 될 겁니다. 크리소스토모스는 이렇게 씁니다. "아침에 우리는 우리가 한 금전적 지출을 스스로 점검한다. 식사를 마치고 잠자리에 드는 저녁, 또 아무도 우리를 방해하고 근심하게 하지 않을 때, 우리의 품행에 대해 스스로에게 설명하도록 요청할 필요가 있다. 〔……〕 말 함부로 하기를 중단하고 유해한 소비를 하는 대신 유용한 자산을 마련하고 경솔한 말 대신 기도에 힘쓰자……"[27] 여러분은 지난주 세

---

25 배교자 혹은 더 정확하게는 랍시lapsi, 즉 "박해 당시 "교회를 저버렸"으나 자신들의 행동을 후회하면서 교회로 복귀하기를 바라는 자들"이라는 문제에 관해서는 《생명 존재들의 통치에 관하여》(GV), p. 187의 각주 34에서 M. 세닐라르트M. Senellart가 《악을 행하고 진실을 고백하다》(MFDV, p. 102, 109)와 《안전, 영토, 인구》(STP, p. 172-173〔우리말역, 237-239쪽〕)를 참조하라고 한 것을 보라.

26 (77쪽 각주 *에 붙은 각주)여기서만 언급되는 메타노이아 개념은, 푸코가 콜레주드프랑스 1979-1980년과 1981-1982년 강의들에서 전개하는 아주 상세한 일련의 분석의 대상을 이룬다. 《생명 존재들의 통치에 관하여》 1980년 2월 13일 강의에서 푸코는 테르툴리아누스의 *De baptismo*(세례에 관하여)에 관해 메타노이아를 이야기하고 "참회의 규율"을 이야기하는데, 거기서 이 메타노이아 개념은 —이 개념은 전통적으로, 영혼이 가상假像과 이 세계로부터 돌아서는 동시에 진실의 빛을 향해 돌아설 수 있게 해주는 **독특한 운동**을 가리킨다— "회절되어" 두 개의 순간으로 분리되는데, "하나의 순간은 참회의 실행이라는 그 순간이고, 그러고 나서는 그것을 보상하는 계시의 순간이 있다." 이렇게 해서, 이어지는 강의들에서 푸코가 설명하듯, 그리스도교는 삶 전체가 참회와 금욕의 삶, 다시 말해 자기 자신과의 단절로 특징지어지는 삶이어야 한다고 하는 생각을 정교화할 수 있었다. 달리 말하자면 메타노이아는 "그리스도교적 삶의 항구적인 차원", "빛과 진실 그리고 다른 세계를 향해 돌아서기 위해, 자신의 과거와 자신의 잘못들 그리고 이 세계로부터 풀려나게 하는 단절의 상태"인 것이다. Cf. GV, p. 125-131, 140-142, 174-175, 222. 엑소몰로게시스를 "메타노이아의 외적인 표출"로 특징짓는 것에 대해서는 다음을 참조하라. Cf. GV, p. 204-205. 《주체의 해석학》, 1982년 2월 10일 강의에서는 피에르 아도의 논문 〈에피스트로페와 메타노이아Épistrophè et metanoia〉(1953)에 명백하게 의거하면서, 그러나 핵심 주제를 수정하면서, 푸코는 "개종"을 세 가지 형태로, 즉 플라톤적 에피스트로페와 헬레니즘-로마의 전향 그리고 그리스도교의 메타노이아로의 구별을 확립하고 길게 전개한다. Cf. 《주체의 해석학》, 241-253쪽(HS, p. 201-209). 이 주제들을 더 명확히 하려면 또한 M. 세닐라르트가 《생명 존재들의 통치에 관하여》(GV) p. 136에서 쓴 각주 36과, 프레데릭 그로F. Gros가 단 《주체의 해석학》 p. 216의 각주 11〔우리말역 244쪽〕과 p. 218의 각주 40〔우리말역 252쪽〕을 참조하라.

27 Saint Jean Chrysostome, *Homélie*(설교) *XLII*. "*Qu'il est dangereux pour l'orateur et pour l'auditeur de parler pour plaire, qu'il est de la plus grande utilité comme de la plus rigoureuse justice d'accuser ses péchés*"("즐거움을 위해 말하는 것은 화자와 청자에게 위험하고, 자신의 죄들을 고발하는 것은 가장 엄격한 정의인 만큼이나 가장 큰 유용성이라는 것"), dans *Œuvres complètes*, t. III, trad. fr. sous la dir. de J.-B. Jeannin, Bar-le-Duc, L. Guérin & Cie, 1864, p. 401: "우리가 잠자리에서 일어나 공적인 장소에 나타나기 전까지, 아무런 할 일이 없을 때, 우리는 우리 하인을 불러 돈이 적절하게 잘 쓰였는지, 또 우리에게 얼마가 남았는지를 알기 위해 지출된 비용을 계산하라고 요구합니다. 우리에게 남은 것이 얼마 없다면 굶어 죽는 지경에 이르지 않기 위해서 머릿속에서 새로운 자원을 찾습니다. 우리는 우리 삶의 인도를 위해서도 동일하게 행해야 합니다. 우리 의식을 불러내어 행위들, 말들, 사유들을 보고하게 합시다. 그것이 우리에게 이득이 되는지 손해가 되는지 따져봅시다. 우리가 나쁘게 말한 것, 우리가 험뜯고 조롱하고 모욕했던 것, 어떤 생각이 우리로 하여금 너무 자유로운 시선을 던지게 했는지, 우리 손이나 말, 눈에 해가 되는 어떤 생각을 했는지 말입니다. 까닭 없이 헤프게 굴지 말고, 부적절한 지출을

네카와 함께 발견하실 수 있었던 자기 점검과 정확히 동일한 관리적 자기 점검을 [여기서도-옮긴이] 발견하실 수 있습니다.

하지만 고대의 이런 종류의 실천들은 복종의 원리와 명상의 원리라는 그리스도교 영성의 두 가지 근본 요소들의 영향 하에서 변형되었습니다. 먼저 복종의 원리입니다. 고대의 철학 학교에서 스승과 제자의 관계는 실용적이고 일시적이었다는 것을 살펴본 바 있습니다. 제자가 스승에게 하는 복종은 제자를 행복하고 독자적인 삶으로 인도할 수 있는 스승의 역량에 토대를 둔 것입니다. 여기서 논의할 시간은 없지만, 일련의 장황한 이유들로 인해 제자와 스승의 관계는 수도원 생활에서, 특히 공동생활 수도회에서 매우 다른 특성들을 갖게 됩니다. 수도원 단체에서 복종은 모든 생활의 양태에 요구됩니다. 수도원 문헌에 잘 알려진 격언 하나가 있습니다. "자신의 지도자의 명령에 따라 행하지 않는 모든 것, 혹은 지도자의 허가 없이 행하는 모든 것은 도둑질이다."[28]* 그러므로 복종은 항상적 관계여서 수사가 나이를 먹더라도, 이제는 그가 스승이 되는 경우라도 그는 자기 의지의 항상적

유용한 자금이, 경망스러운 말을 기도가, 너무 자유로운 시선을 단식과 적선이 대신하도록 노력합시다. 만약 우리가 까닭 없이 헤프게 굴면서 아무 것으로도 그것을 대신하려 하지 않고 하늘을 위해 쌓아 두려고도 하지 않는다면 부지불식간에 궁핍으로 떨어지고 말 것이며, 강력할 뿐만 아니라 오래 지속되는 까닭에 참기 힘든 그런 괴로움에 처하고 말 것입니다. 아침에는 우리의 금전적 지출을 스스로에게 설명하고, 저녁에는 식사 후 잠자리에 누웠을 때 그리고 아무도 우리를 방해하지 않고 귀찮게 굴지 않을 때, 우리 자신에게 하루 동안의 우리 품행, 우리가 한 일 그리고 우리 말에 대해 해명하도록 해야 합니다. 그리고 만약 뭔가 나쁜 것을 발견하면 우리의 의식을 심판하고 벌해야 하며, 죄를 진 우리의 마음을 슬프게 해야 하고, 그것을 강력하게 반복하여 우리의 질책에 민감해진 마음은 슬픔을 다음날에도 다시 상기하게 되어 감히 동일한 죄악의 심연으로 우리를 더 이상 내던져 버리지 않게 해야 합니다."

28   이를 테면 다음을 보라. saint Basile, *Exhortatio de renuntiatione saeculi*, 4, dans *Patrologia Graeca*, 31, 633B : "무질서하게 혹은 수도원장의 허가 없이 행해진 모든 행위는 절도 혹은 죽음으로 이끄는 신성모독이며, 네 눈에 좋아 보일지라도 이익이 되지 않는 것이다." (cité par I. Hausherr, *Direction spirituelle en Orient autrefois*, Rome, Pont. Institutum Orientalium Studiorum, 1955, p. 190-191).

*   버클리대학 강연: 그리고 카시아누스는 너무 아파서 죽을 지경이 된 젊은 수도사 이야기를 들려줍니다. 하지만 죽기 전에 그는, 그에게 죽는 것을 금한 자기 스승에게 죽음을 허락해 달라고 합니다. 그래서 그는 몇 주 더 살았고, 그의 스승이 그에게 죽으라고 명령하자 그제야 이 젊은 수도사는 죽습니다.[30]

희생과 같은 복종 정신을 간직하고 있어야 합니다.[29]

또 다른 특징이 수도원의 규율과 철학적 삶을 구분합니다. 수도원 생활에서 최고의 선은 자기 제어가 아닙니다. 최고의 선은 신에 대한 명상입니다. 수도사는 자신의 사유를 신이라는 유일한 지점으로 지속적으로 향하게 해야 할 의무가 있고 또 그의 마음과 영혼 그리고 영혼의 눈은 신을 보고 신에게서 빛* 받을 수 있을 정도로 순결하게 해야 할 의무가 있습니다.[31]

복종의 원리를 따르고 명상을 목표로 지향하는 그리스도교 수도원 단체들에서 발전한 이 자기 테크놀로지는 아시다시피 특이한 성격을 보여줍니다. 요한 카시아누스의 《제도집Institutiones》과 《담화집Collationes》[32]은 팔레스타인과 이집트의 수도사들이 실천했던 자기 점검과 고백에 대해 상당히 체계적이고 명확하게 설명

---

29   《생명 존재들의 통치에 관하여》 1980년 3월 19일 강의에서 푸코는 수도원 단체들 안에서의 그리스도교 의식 지도의 특징을 이루는 "근본적인 두 의무들", 즉 "완전한 복종과 감추지 않음" 달리 말하면 "아무 것도 스스로 원하지 않기"와 "자기 자신에 대해 모두 말하기"에 대해 말한다. 그러고 나서 그는 고대의 〔의식-옮긴이〕 지도의 구상 및 실천과 대립시키면서 이 "복종의 원칙"에 관해 상세히 설명한다. 그리스도교의 지도에서 만약 누군가가 복종해야 한다면 그것은 객관적인 "외면"(영혼의 평정, 행복, 지혜 등등)을 위해서가 아니라, 항구적이고 결정적인 "복종의 상태"를 생산하기 위해서라는 것이다. 여기서는 그러므로 "복종이 복종을 낳"으며, 다시 말해 순종("나는 타인이 원하는 것을 원한다")인 동시에 참회patientia("나는 타인 이외의 그 무엇도 원하지 않기를 원한다")이고 겸허("나는 원하기를 원하지 않는다")이기도 한 복종은, 이 지도의 조건이자 목표이다. Cf. GV, p. 260-260. 유사한 설명은 다음을 참조하라. MFDV, p. 127-138. 게다가 푸코는 이미 이러한 "순수한 복종의 심급"에 대해 묘사한 바 있다. Cf. 《안전, 영토, 인구》, 247-256쪽〔STP, p. 177-182〕 et DE II, n° 291, p. 964-965〔〈옴네스 에트 싱굴라팀-정치적 이상 비판을 향하여〉, 《촘스키와 푸코, 인간의 본성을 말하다》, 233-234쪽〕.
*   버클리대학 강연: 성스러운 빛
30   (80쪽 각주 *에 붙은 각주)죽기 위해 스승의 허락을 기다리는 수도사 도시테오스Dosithé에 관한 이 일화는 사실, 가자의 도로테오스Dorothée de Gaza가 쓴 《성 도시테오스의 삶》(Vie de saint Dosithée, 10, dans Œuvres spirituelles, trad. fr, L. Regnault et J. de Préville, Sources chrétiennes, Paris, Éditions du Cerf, 1963, p. 139)에서 이야기된다.
31   이러한 명상의 원칙에 대해서는 다음을 참조하라. Cf. GV, p. 293 et MFDV, p. 144-145. 또한 다음을 보라. 〈자기의 테크놀로지〉, 《자기의 테크놀로지》, 80-82쪽〔M. Foucault, Les techniques de soi, conférences cit., p. 1628〕.
32   《요한 카시아누스의 제도집》, 엄성옥 옮김, 은성, 2018; 〔Jean Cassien, Institutions cénobitiques, trad. fr. J.-C. Guy, Sources chrétiennes, Paris, Éditions du Cerf, 1965, et Conférences, trad. fr. E. Pichery, Sources chrétiennes, Paris, Éditions du Cerf, 1955-1959〕.

합니다.[33]

5세기 초반에 쓰여진 이 두 저작에서 발견하실 수 있는 몇몇 지적들에 주의를 기울여보고자 합니다.* 우선 자기 점검인데요, 수도원 생활에서의 자기 점검과 관련된 첫 번째 점은, 그리스도교적 유형의 수련에서 자기 점검은 행위보다는 사유와 더 많이 관련되어 있다는 사실입니다. 수도사에게는 자신의 사유를 끊임없이 신 쪽으로 향하게 해야 할 의무가 있기 때문에, 잘 아시다시피, 수도사는 스토아주의 철학자들처럼 자기 행위들의 추이를 지배해야 하는 것이 아니라, 자기 사유들의 추이를 지배해야 합니다. 수도사는 자기 품행의 굳건함을 우유부단하게 만들 수도 있는 정념뿐 아니라 머리에 떠오르는 이미지, 명상을 저해하는 사유, 정신으로 하여금 그 대상에 집중하지 못하게 하는, 요컨대 신에게 집중하지 못하게 하는 다양한 암시들을 제압해야 합니다. 그래서 일차적으로 감시하고 점검해야 하는 질료는, 행위는 물론이고 의지보다도 더 이전의 영역, 심지어는 욕망보다도 더 이전의 영역—스토아 철학자가 자기 안에서 점검해야 하는 것들보다 훨씬 더 끈질긴 것들—입니다. 수도사가 정해야 하는 것은 희랍 교

---

33   앞서 인용한 텍스트들 외에도, 푸코는 〈순결 투쟁〉("Le combat de la chasteté," dans DE II, n° 312, p. 1114-1127)에서 카시아누스가 묘사하는 자기 점검에 대해 다룬다. 거기서 푸코는 '육욕chair'이라는 문제의 출현과 관련해서 그리스도교적 주체의 해석학을 분석하기 위해, 수도 생활의 실천에 대한 카시아누스의 증언을 분석한다. 게다가 이 문제는 《성의 역사 4권: 육욕의 고백》의 주제를 구성하게 된다. 푸코는 《주체의 해석학》 1982년 2월 24일 강의에서도 그리고 1983년 캘리포니아 버클리대학에서 있었던 파레시아에 관한 세미나의 짧은 구절에서도, 카시아누스를 참조한다. 파레시아에 관한 세미나에서 푸코는 에픽테토스나 마르쿠스 아우렐리우스가 묘사하는 것과 같은 표상 점검의 스토아주의적 수련과 그리스도교의 자기 점검 간의 차이들을 보여준다. Cf. 《주체의 해석학》, 328-330쪽(HS, p. 286-288) et Fearless Speech, op. cit., p. 160-162. (《담론과 진실 파레시아》 344-348쪽에도 관련 내용이 수록되어 있다.—옮긴이)

*   버클리에서는 이 마지막 두 문장 대신 이렇게 말한다: 요한 카시아누스의 《제도집Institutiones》과 《담화집Collationes》은 이집트 수도사들이 실천했던 자기 점검과 고백을 상당히 체계적이고 명확한 방식으로 설명하고 있습니다. 그들을 방문한 후 요한 카시아누스는 남부 프랑스로 돌아와 이집트와 팔레스타인 수도원들 사이를 여행했던 것과 관계 있어 보이는 책 두 권을 쓴 것입니다. 요한 카시아누스는 동방 방문 때 수도사들이 실천했던 자기 점검과 고백을 어떻게 묘사했을까요?

부들이 그리스어로는 (거의 늘 경멸적인 방식으로) 로기스모이logismoi[34]라 부르고, 라틴어로는 코기타치오네스cogitationes라 부른, 거의 감지 불가능한 사유의 운동, 영혼의 항상적 유동성[35]과 같은 영역입니다. 수도사가 자신의 정신의 눈이 늘 신이라는 유일한 대상으로 향하도록 하기 위해서 지속적으로 점검해야 하는 영역입니다.* 하지만 수도사가 자신의 사유를 점검할 경우 그는 무엇에 신경 쓰는 것일까요? 관념과 실재 간의 관계는 물론 아닙니다. 그는 하나의 관념을 거짓이나 진실로 만드는 진실의 관계에 신경 쓰는 것이 아닙니다. 그는 자신의 정신과 외부 세계 간의 관계에 관심을 기울이지 않습니다. 그가 신경 쓰는 것은 자신의 사유의 속성, 질, 실체입니다.

이 중요한 점에 잠시 주의를 집중해야 할 필요가 있습니다. 이 항상적 자기 점검이 어떤 것인지를 이해시키기 위해 카시아누스는 세 가지 비유를 이용합니다. 사유는 곡물을 빻는 방아와 같다고 카시아누스는 말합니다. 곡물은 당연히 정신에 지속적으로 떠오르는 관념입니다. 그리고 방아의 비유에서 곡물 가운데 나쁜 것과 방아에 가져다 놓을 수 있는 좋은 것을 분류하는 일은 방앗간 주인의 소관입니다.[36] 카시아누스는 또한 자기 앞에서 병사들

---

34   이 용어에 대해 더 명확히 하려면 다음을 참조하라. M. Senellart dans GV의 p. 310, n 32, ainsi que F. Brion et B. Harcourt, dans MFDV, p. 190, n. 1.

35   《요한 카시아누스의 담화집》, 202-203쪽〔Jean Cassien, *Première conférence de l'abbé Serenus. De la mobilité de l'âme et des esprits du mal*, IV, dans *Conférences*, t. I, *op. cit.*, p. 248〕.

*   버클리대학 강연: "그래서 감시하고 점검해야 하는 일차적 분야는 〔……〕 지속적으로 점검해야 하는 영역입니다." 대신 다음과 같이 말한다: 그래서 감시하고 점검해야 하는 일차적 분야는, 의지의 욕망이 아니라, 욕망보다도 이전의 영역, 훨씬 더 끈질긴 것들입니다. 희랍 교부들이 그리스어로는 (거의 늘 경멸적인 방식으로) 로기스모이logismoi라고, 라틴어로는 코기타치오네스cogitationes라고 부른 사유, 거의 감지 불가능한 사유의 운동, 카시아누스가 두 개의 그리스어, 즉 polukinêtos kai aeikinêtos를 사용해서 묘사하는 영혼의 항상적 유동성, 〔이것이 의미하는 바는〕 영혼이 언제나 사방팔방으로 움직이고 있다는 것입니다.

36   《요한 카시아누스의 담화집》, 52-53쪽〔Jean Cassien, *Première conférence de l'abbé Moïse. Du but et de la fin du moine*, XVIII, dans *Conférences*, t. I, *op. cit.*, p. 99〕.

을 행군하게 하고 또 각각의 병사에게 그들의 역량에 따라 임무를 부여하면서 그들을 왼쪽이나 오른쪽으로 나아가게 하는 장교의 비유를 이용합니다.[37] 그리고 마지막으로 가장 중요하고, 가장 흥미롭다고 생각되는 것은, 카시아누스가 자기 자신에 대해 환전상과 같은 존재가 되어야 한다고 말한다는 것입니다. 사람들이 동전을 보여주면 가짜를 거부하고 진짜는 받는 방식으로 동전을 검사하여 그것의 진위를 검증하는 것이 임무인 환전상 말입니다. 카시아누스는 이 비유를 장황하게 전개합니다. 환전상은 동전을 검사할 때 그것이 어떤 금속이고 순수한지 아닌지 알기 위해, 그 동전에 새겨진 초상을 주시하며 동전을 구성하는 금속을 검사한다고 합니다. 환전상은 이 동전이 어느 제작소에서 만들어졌는지를 알려 하고 동전이 닳지는 않았는지 혹은 잘못 다뤄지지는 않았는지를 자세히 검사합니다. 마찬가지 방식으로 사람들은 자신의 사유를 점검해야 하고, 사유에 신의 초상이 새겨져 있는지 아닌지, 다시 말해 사유가 신을 정말로 명상할 수 있게 해주는지 아닌지, 사유의 표면상 화려함이 나쁜 사유의 불순함을 숨기고 있는 것은 아닌지 알아야 한다고 카시아누스는 말합니다. 사유의 기원은 어디일까? 신으로부터 온 것일까 아니면 악마의 작업실로부터 온 것일까? 마지막으로 사유의 질과 기원이 좋다 할지라도 나쁜 감정에 의해 침식되고 녹슨 것은 아닐까?[38] 저는 이런 종류의 점검이 새로운 동시에 역사적으로 중요하다고 생각합니다.

　　아마 제가 스토아주의자들에 대해 그들의 자기 점검이 행

37　　《요한 카시아누스의 담화집》, 204쪽(Jean Cassien, *Première conférence de l'abbé Serenus*, V, *op. cit.*, p. 249-250).

38　　《요한 카시아누스의 담화집》, 55-60쪽(Jean Cassien, *Première conférence de l'abbé Moïse*, XX-XXII, *op.cit.*, p. 101-107).

위와 규칙에 관련된 것이었다는 사실을 좀 지나치게 강조했던 것 같습니다. 그렇지만 스토아주의자들에게도 진실의 문제가 중요했다는 건 인정해야 합니다. 물론 그 진실의 문제가 좋거나 나쁜 행위를 형성하는 데 도움이 되는 진실되거나 거짓된 의견의 관점에서 제기되긴 했지만 말입니다. 카시아누스에게 문제는 관념과 외부 사물의 질서 간에 일치가 존재하는지 아닌지 여부가 아니었습니다. 사유를 그 자체로 점검하는 것이 문제였습니다. 사유가 그 진정한 기원을 실제로 보여주는가, 사유는 겉으로 보이는 것처럼 순수한 것일까, 아니면 이상한 요소들이 은밀하게 사유에 섞여 있는 것일까 등과 같은 문제 말입니다. 결국 문제는 "이런 종류의 것을 사유하는 것은 그릇된 것일까?"가 아닙니다. 내게 떠오르는 사유—사유가 표상하는 사물의 진실과는 무관하게—는 나 자신에 대한 나 자신의 환상이 아니냐는 것입니다. 예를 들어 금식하는 것은 좋은 것이라는 생각이 내게 떠올랐다고 합시다. 이 생각은 진실된 것일 수 있습니다. 하지만 이런 생각은 신이 머리에 떠오르게 한 것이 아니라 나를 다른 수도사들과 경쟁시키기 위해 사탄이 제안한 것일 수 있고 그래서 내가 평소 하는 금식보다 더 많은 금식을 하려는 계획에는 타자들에 대한 나쁜 감정이 섞여 있을 수 있다는 것입니다. 이처럼 관념은 외부 세계의 관점이나 규칙의 관점에서는 진실되지만 그 기원이 나쁜 감정에 뿌리를 두고 있기 때문에 불순하다는 것입니다. 그리고 우리는 그 뿌리와 기원에서 세심하게 해석되고 점검되어야 하는 주관적 사실로서 우리 자신의 사유를 해석해야 하는 것입니다.[*]

이 전반적 주제 및 환전상의 이미지와, 검열에 관한 프로

---

[*] 버클리대학 강연: 버클리에서는 말하지 않은 구절이다.

이트의 여러 텍스트 간의 유사성에 충격을 받지 않을 수 없습니다.[39] 프로이트의 검열과 카시아누스의 환전상은 동일한 것인 동시에 정반대의 것이기도 합니다. 카시아누스의 환전상과 프로이트의 검열 모두 의식에의 접근을 통제해야 하며 어떤 표상들은 받아들이고 어떤 표상들은 거부해야 합니다. 하지만 카시아누스의 환전상은 의식에 제시되는 것에서 그릇된 것과 착오적인 것을 가려내어 진정한 것만을 들어오게 하는 역할을 담당합니다. 이를 위해 카시아누스의 환전상은 로마의 교부들이 디스크레시오 discretio(식별)[40]라 부르는* 특수한 능력을 활용합니다. 반면 프로이트의 검열은 카시아누스의 환전상에 비해 훨씬 더 도착적이고 훨씬 더 나이브합니다.** 프로이트의 검열은 나타나는 그대로의 것을 거부하기 때문이고 또*** 상당히 위장된 것을 받아들이기 때문입니다. 카시아누스의 환전상은 디스크레시오를 통해 진실을 조작(操作)합니다. 프로이트의 검열은 상징화를 통해 오류를 조작합니

---

39   콜레주드프랑스 1979-1980년 강의들과 루뱅대학 강의에서도 이렇게 프로이트를 참조하지만, 중요한 차이들이 있다. 《생명 존재들의 통치에 관하여》 1980년 3월 12일 강의에서 푸코는 세네카가 〈분노에 관하여〉에서 묘사한 의식 점검 실천에서 나타나는 숙면의 "준비"라는 측면과 관련해, 세네카의 의식 점검 실천과 프로이트 검열 개념을 비교한다. Cf. GV, p. 237. 반대로 《악을 행하고 진실을 고백하다》 1981년 3월 13일 강의 초반에서는, 여기서 푸코가 하는 것과 유사한 방식으로, 프로이트적 검열의 이미지는 카시아누스의 텍스트와 관련해 환기된다. 같은 강의에서 한참 뒤에 푸코는 프로이트에 대해 다시 말하는데, 그러나 이번에는 무의식의 문제와 "자기해석학"의 정교화라는 문제를 제기하면서 프로이트에 대해 말한다. 마지막으로 1981년 5월 20일 강의에서 푸코는 그리스도교적 주체의 해석학으로 되돌아와서는 이렇게 단언한다. "당연하게도 프로이트와 정신분석학이 그 중심에 자리하고 있는 일련의 모든 연구를 가로질러, 주체의 해석학은, 제가 고대 그리스도교 세계와 관련해 말씀드린 바 있는 항상적인 자기 점검의 실천이나 철저한 구두 표현 행위 실천과는 거리가 먼 강력한 해독 방식으로 통합니다." 모래주머니와 짐을 잔뜩 이고 진 주체의 해석학은, 텍스트 분석의 원칙들에 훨씬 더 가까운 해독의 원칙들을 도구와 방법으로 삼습니다." Cf. MFDV, p. 162, 168-169 et 224. 푸코는 이미 1964년 콜로키움에서의 발언에서, 프로이트에게서의 해석학의 문제를 다룬 바 있고, 이는 3년 뒤 〈니체, 프로이트, 맑스〉("Nietzsche, Freud, Marx," dans DE I, n° 46, p. 592-607)라는 제목으로 출판된다.

40   푸코는 《생명 존재들의 통치에 관하여》 1980년 3월 26일 강의에서 이 용어에 대해 더 명확히 설명한다. Cf. GV, p. 285-301.

*   버클리대학 강연: 그리고 희랍 교부들은 디아크리시스diacrisis(분별)라 부르는

**   버클리대학 강연: 그것이 왜 도착적이냐면,

***   버클리대학 강연: 그것이 훨씬 더 나이브한 까닭은

다.*

하지만 더 이상 이런 비교는 하지 않으려 합니다. 이 비교는 단순한 지적에 불과합니다. 그래도 프로이트의 장치와 그리스도 교의 영적 테크닉들 간의 관계를 진지하게 연구하면 대단히 흥미 로운 연구 영역이 될 수 있을 것입니다.

그렇지만 우리는 더 멀리까지 나아가야 하는데요, 왜냐하면 문제는 카시아누스가 그렇게 하길 바라듯이 어떻게 하면 이 필수적 자기 점검을 지속적으로 실행할 수 있을까, 사유 안의 가장 사소한 운동들에 대한 필수적 자기 통제를 지속적으로 실행할 수 있을까, 즉 어떻게 우리 사유들에 대한 필수적 해석학을 실행할 수 있을까이기 때문입니다. 카시아누스와 그에게 영감을 준 사람들이 제시한 해결책은 명확하면서도 놀랍습니다. 카시 아누스의 해결책은 이렇습니다. 자신의 스승이나 영적 지도자에게 자신의 사유를 말함으로써 그것을 해석하라는 것입니다. 고백함으로써 자신의 행위가 아닌 사유를 해석해야 한다는 것입니다. 또 자신의 과오를 고백함으로써가 아니라 자신의 사유에서 자신이 주목할 수 있는 운동을 지속적으로 고백함으로써 자신의 사유를 해석해야 한다는 것입니다.[41]** 왜 이 고백이 해석학의 역할

* 버클리대학 강연: 카시아누스의 환전상은 디스크레시오와 디아크리시스를 통해 진실을 조 작합니다. 프로이트의 검열은 상징화를 통해 상징이나 오류를 조작합니다.

41 푸코는 콜레주드프랑스 1979-1980년 마지막 강의와 루뱅대학 1981년 5월 6일 강의에서, 해 석의 탁월한 힘vertu을 자기 안에 품고 있는 이러한 구두 표현 행위에 대한 연구를 전개한다. Cf. GV, p. 299-303 et MFDV, p. 138, 148-149. 게다가 푸코는 이미 《지식의 의지》에서 성의 "담론화" 기획을 이 야기하면서, 즉 수덕주의적인 수도원 전통 내에서 형성되어 17세기에는 모두를 위한 규칙이 된 이러한 성의 "담론화" 기획을 이야기하면서, 이 항상적이고 철저한 구두 표현 행위의 문제를 언급한 바 있다. Cf. 《지식의 의지》, 41쪽(제2장 문단5)[VS, p. 28]. 그가 1982년 5월 그르노블대학 강연에서 아주 명확 한 방식으로 설명하는 것처럼, "우리는 [엑사고레우시스에서] 아주 특이한 의무를 보게 됩니다. 왜냐 하면 결국 죄의 고백은 모든 것을 말할 의무가 아니기 때문입니다. 죄의 고백은 자신이 저지른 잘못을 말할 의무지, 다른 누군가에게 모든 것을 말하거나 자신의 생각을 털어놓아야 할 의무는 아닙니다. 모 든 것을 말해야 하는 이 의무는 4-5세기 그리스도교 영성에서 아주 특이한 것입니다. 게다가 이 의무를 곧 다시 발견하게 될 겁니다. 이 의무는 대대적인 참회 의식에 비해 조금은 은밀한 아주 긴 역사를 갖게

을 담당할 수 있는 걸까요? 하나의 이유가 머리에 떠오릅니다. 자신의 마음의 운동을 설명함으로써 제자는 스승에게 이 운동을 알릴 수 있고 또 스승, 즉 영적 아버지는 그의 훨씬 폭넓은 경험과 지혜 덕택에 〔마음에〕 일어나는 일을 더 잘 이해할 수 있겠죠. 자신의 진정성 덕분에 스승은 자신이 지도하는 자의 영혼 내의 진실과 착각을 구분할 수 있을 것입니다.

하지만 이는 고백의 필요성을 설명하기 위해 카시아누스가 원용하는 주된 이유가 아닙니다. 카시아누스가 보기에 이 〔고백이라는〕구두 표현 행위에는 특수한 검증의 위력이 있습니다. 카시아누스가 인용하는 예들 가운데에서 이점을 특히 잘 설명해주는

될 테니까요. 이 의무는 16-17세기에 꽃피우게 되는 의식 지도에서 틀림없이 재발견될 것입니다." *Cf.* 《담론과 진실 파레시아》, 28쪽〔M. Foucault, "*La Parrêsia*," conférence cit., p. 23〕.
** 　　　버클리대학 강연: "그렇지만 우리는 더 멀리까지 나아가야 하는데요, 〔……〕 자신의 사유를 해석해야 한다는 것입니다." 대신 다음과 같이 말한다: "제가 오늘 저녁에 강조하고자 하는 것은 어떤 다른, 혹은 적어도 그것과 간접적으로 연결되어 있는 것입니다. 카시아누스가 사유 주체의 진실이라는 문제를 제기하는 방식에는 정말로 중요한 어떤 것이 있습니다. 1) 욕망들도 정념들도 태도들도 행위들도 아닌 사유들이 카시아누스에게서 나타나며, 이러한 사유들은, 대상으로서 간주되고 분석되어야 할 주관적 소여들의 장으로 표현되어 있는 것입니다.[42] 그리고 제 생각에 사유들이 분석 가능한 대상으로 여겨지는 것은 이것이 역사상 처음입니다. 2) 사유들은 객관적 경험 혹은 논리적 규칙에 입각해 사유 대상과의 관계 속에서 분석되어서는 안 되고 수상쩍게 여겨져야 하는데, 왜냐하면 사유들은 그 사유들에 고유한 실체 속에서 은밀하게 왜곡되거나 변장할 수 있기 때문입니다. 3) 인간이 자기 사유들의 희생양이 되고 싶지 않다면, 그에게 필요한 것은 영원한 해석 작업, 영원한 해석학입니다. 이 해석학의 기능은 사유들 내부에 숨겨진 현실을 발견하는 것입니다. 4) 내 사유들 속에 숨어 있을 수 있는 이 현실은 어떤 힘인데, 이 힘은 예를 들어 육체가 그러한 것처럼, 내 영혼과 다른 어떤 본성이 아닙니다. 내 사유 속에 숨어 있는 이 힘은 내 사유들 및 내 영혼과 동질적입니다. 그것은 악마, 내 안의 다른 누군가의 현전입니다.[44] 내 안에서 타자의 힘을 발견하기 위한 해석적 분석을 요구하는, 주관적 소여들의 장으로서의 사유의 이러한 구조는 제 생각에, 만약 그것을 스토아주의적 자기 테크놀로지들과 비교한다면, 진실과 주체성 간의 관계를 조직하는 완전히 새로운 어떤 방식입니다. 자기해석학은 여기서 시작된다고 생각합니다.
그렇지만 우리는 더 멀리까지 나아가야 하는데요, 왜냐하면 문제는 어떻게 하면 우리 사유들에 대한 이 필수 해석학을 지속적으로 실행할 수 있을까, 어떻게 하면 환전상의 이런 작업을 할 수 있을까, 어떻게 하면 우리 자신의 환전상, 우리 사유들의 환전상일 수 있을까 이기 때문입니다. 환전상의 작업과 관련해 카시아누스와 그에게 영감을 준 사람들이 제시한 해결책은 명확하면서도 놀랍습니다. 여기 그 답변이 있습니다. 너는 너 자신의 환전상이 될 것이고, 네 사유들의 환전상이 될 것이며, 너는 네 사유들을 해석할 것이고, 너 자신의 해석자가 될 것이다. 그저 그 사유를 스승이나 신부에게 말함으로써, 네 오류나 행위, 네가 한 것이 〔아니라〕 네 사유들을, 네 사유들의 운동을, 지각되지 않을 정도로 미세한 네 사유들의 운동을 고백함으로써 말이다. 그리고 이러한 작업, 즉 네 의식 속에서, 네 사유 속에서 일어나는 일을 다른 어떤 사람에게 말한다는 사실이 환전상의 작업을 보증하는 메커니즘입니다.

예가 하나 있습니다. 카시아누스가 인용하는 일화입니다. 금식의 의무를 견딜 수 없었던 젊은 수도사 사라피온은 매일 저녁 빵 하나씩을 훔쳤습니다. 물론 그는 그의 영적 지도자에게 그 사실을 감히 고백하지 못했습니다. 그러던 어느 날, 아마도 모든 걸 간파하고 있던 그 영적 지도자는 진실을 말할 필요성에 대해 공개적으로 강론했습니다. 이 설교에 설복된 젊은 사라피온은 훔친 빵을 가운 속에서 꺼내 모든 사람들에게 보여주었습니다. 그러고 나서 그는 엎드려 자신의 일상적인 끼니의 비밀을 고백합니다. 그런데 그가 고백하는 바로 그 순간, 그가 훔친 빵을 보여준 순간이 아니라 구두로 고백하는 바로 그 순간에 어떤 빛이 그의 몸으로부터 빠져나와 역겨운 냄새를 쏟아내며 방을 가로질러 갔습니다.[43]

여기서 스승이 진실을 안다는 사실이 결정적 요소가 아니라는 걸 이 일화에서 볼 수 있습니다. 젊은 수도사가 자신의 행위를 폭로하고 훔친 물건을 원상회복시킨 사실조차도 결정적인 요소가 되지 못함을 알 수 있습니다. 최후에 오고 또 어떤 의미에서는 그 고유의 메커니즘을 통해 진실, 즉 발생한 일의 현실(사실)을 드러나게 해주는 고백, 고백이라는 구두 표현 행위가 결정적인 요소임을 알 수 있습니다. 고백이라는 구두 표현 행위는 진실의 증거, 진실의 현시입니다. 왜 그럴까요? 제 생각은 이렇습니다. 카시아누스에 따르면 선한 생각과 악한 생각 간의 차이는, 악한 생각

---

42   (88쪽 각주 **에 붙은 각주) 새로운 "장"의 형성에 관해서는 또한 다음을 보라. M. Foucault, Le combat de la chasteté, art. cit., p. 1125-1126.
43   《요한 카시아누스의 담화집》, 73-76쪽(Jean Cassien, Seconde conférence de l'abbé Moïse. De la discrétion, XI, dans Conférences, t. I, op. cit., p. 121-123).
44   (88쪽 각주 **에 붙은 각주)푸코는 《생명 존재들의 통치에 관하여》 1980년 2월 13일과 20일 강의에서, 특히 테르툴리아누스 및 세터 준비와 관련해 "우리 안의 타자"라는 이 주제를 전개한다. Cf. GV, p. 121-122, 128, 153-158.

은 쉽게 언급할 수 없다는 데 있기 때문입니다. 그것들을 인정하면서 얼굴이 붉어진다거나 자신의 생각들을 감추려 애쓴다거나, 심지어 더 단순하게 자신의 생각들을 말하기를 주저한다면 그 생각들이 겉보기만큼 선하지 않다는 증거라는 것입니다. 악마가 자신의 생각 속에 있다는 증거라는 것입니다. 이렇게 고백이라는 구두 표현 행위는 떠오르는 생각들을 분류하는 수단을 구성합니다. 우리는 그 사유들이 구두 표현 행위에 저항하느냐 아니냐에 따라서 그 사유들의 가치를 시험할 수 있습니다. 카시아누스는 그 이유를 이렇게 설명합니다. 악의 원리로서의 사탄은 빛과 양립할 수 없고, 고백이 의식의 어두운 동굴로부터 명확한 담론의 빛 아래로 사탄을 끌어내려 할 때 그는* 저항합니다. 카시아누스를 인용하겠습니다. "빛에 노출된 나쁜 생각은 즉시 그 독을 잃는다. (……) 이러한 고백이, 빛에 노출시켜 그 수치스러운 모습을 폭로하기 위해 말하자면 지하의 그 어두운 소굴에서 끌어낸 이 소름끼치는 뱀은 서둘러 후퇴한다."[45] 이것은 그 수도사가 혼자 있을 때라도 자기 생각들을 목청껏 외치는 것으로 충분하다는 것을 의미할까요? 물론 그렇지 않습니다. 이런 종류의 고백에는 누군가 거기에 있을 것이 요구됩니다. 설령 그가 말하지 않더라도, 설령 그가 침묵하며 거기에 있더라도 말입니다.[46] 왜냐하면 그 고백을

---

* 　　버클리대학 강연: 자기가 그 아래에 숨어 있는 사유들과 더불어

45　《요한 카시아누스의 담화집》, 73쪽(Jean Cassien, *Seconde conférence de l'abbé Moïse*, X, *op. cit.*, p. 120-121).

46　《주체의 해석학》1982년 3월 3일과 10일 강의에서 그리스도교 영성에서 "말하는 기술의 유난히 복잡한, 유난히 까다롭고 엄청나게 중요한 발달"을 다시 환기하면서 푸코는, 그리스도교가 "진실을 말할" 의무들의 역사 속에서 생산해낸 "본질적 전도顚倒"를 강조합니다. 요컨대 "그리스-로마의 프시카고지psychagogie는 페다고지pédagogie와 아주 가까웠으며 스승이 진실의 담론을 행하는 일반적 구조에 따릅니다. 그리스도교는 프시카고지화되고 인도되는 영혼으로 하여금 진실을 말할 것을 요구하면서 프시카고지와 페다고지를 분리할 것입니다. 그런데 이 진실은 유일하지는 않지만 영혼의 존재 방식을 변화시키는 조작의 근본적인 요소들 가운데 하나입니다. 그리스도교의 고백은 바로 그렇게 하는 데 있습니다. Cf. 《주체의 해석학》, 390-392, 436-437쪽(HS, p. 345-347, 390-391). 이러한 "책임의 전도"

듣고 있는 abba, 즉 신부, 즉 영적 아버지는 신의 이미지이기 때문입니다. 그리고 이렇게 생각을 구두로 표출하는 것은 신의 눈앞에 의식에 떠오르는 모든 관념, 모든 이미지, 모든 암시를 내어 놓는 수단이고, 이 신성한 빛 아래에서 그것들은 필연적으로 자신들의 정체를 드러내게 됩니다.

이를 토대로 우리는 다음과 같은 사실들을 알 수 있습니다. 1) 구두 표현 행위는 그 자체로 해석적 기능을 갖습니다. 구두 표현 행위에는 디스크레시오의 힘이 있습니다.* 2) 이 구두 표현 행위는 과거의 행위에 대한 일종의 회고가 아닙니다. 카시아누스가 수도사들에게 부과하는 구두 표현 행위는 항상적인 활동이어야 하고 사유의 흐름과 가능한 한 동시적이어야 합니다.** 3) 이 구두 표현 행위는 사유의 가장 깊은 곳까지 나아가야 합니다.*** 그 사유가 어떤 것이든, 그것에는 숨겨진 기원, 알려지지 않은 뿌리들, 비밀스러운 부분들이 있으며, 구두 표현 행위의 역할은 이 기원들과 비밀스러운 부분들을 발굴하는 것입니다. 4) 이 구두 표현 행위는 그것이 사유의 심층적 움직임을 외부의 빛 쪽으로 이동시키는 것과 마찬가지로 또한 동일한 절차에 따라 사탄의 군림으로부터 신의 계율 쪽으로 인간의 영혼을 인도합니다.**** 이는 희랍 교부들이 말했듯, 구두 표현 행위가 개심의 효과, 즉 메타노이아가 전개되고 그 효력을 발휘하기 위한 수단이라는 것을 의미합니

에 대해서는 또한 다음을 보라. MFDV, p. 138-139; "파레시아" 강연, p. 159-160, 183; GSA, p. 47.
* 　　　버클리대학 강연: 그것은 자기 안에 디아크리시스, 구별, 디스크레시오를 보유하고 있습니다.
** 　　　버클리대학 강연: 수도사들은 신부에게 옴네스 코지타치오네스omnes cogitationes, 즉 자기의 모든 사유를 말해야 합니다.
*** 　　　버클리대학 강연: "사유들의 가장 깊은 곳까지 나아가야 합니다" 대신 이렇게 말한다. "철저해야 하는데, 그렇지만 그것은 사유들의 가장 깊은 곳까지 나아가야 합니다.
**** 　　　버클리대학 강연: 어둠으로부터 빛으로 이끌어가는 의식의 길은 사탄으로부터 신에게로 이끌어가는 길이기도 합니다.

다. 왜냐하면 사탄의 군림 아래서 인간 존재는 자기 자신에 집착하고 있었고, 신으로 향하는 움직임으로서의 구두 표현 행위는 사탄을 포기하는 것, 자기 자신을 포기하는 것이기 때문입니다. 구두 표현 행위는 자기희생입니다. 사유들을 구두로 표현하는 이 항상적이고 철저하며 희생적인 행위에, 수도원 수도사들에게는 의무였던, 항상적이고 철저하며 희생적으로 이 사유를 구두로 표현하는 행위에, 이 항상적인 구두 표현 행위에 희랍 교부들은 엑사고레우시스라는 이름을 붙였습니다.[47]

이렇게 해서 보시다시피 기원후 1세기의 그리스도교에서 자기 자신의 진실을 말할 의무는 엑소몰로게시스exomologesis*와 엑사고레우시스exagoreusis**라는 두 가지 주요 형태를 갖게 되고, 이 두 형태는 서로 매우 달랐습니다. 한편으로 엑소몰로게시스는 참회자가 자신의 죄인의 상태를 일종의 공적인 현시 내에서 극적으로 표현하는 것입니다. 다른 한편으로 엑사고레우시스는 영적 아버지의 의지에 전적으로 복종하는 관계 속에서 행해지는, 사유의 분석적이고 계속적인 구두 표현 행위입니다. 하지만 제가 방금 말씀드린 이 구두 표현 행위는 또한 자기를 포기하고 의지의 주체이기를 더 이상 원하지 않기 위한 수단이기도 하다는 사실에 주목해야 합니다. 이렇게 엑사고레우시스에서의 고백의 계율, 항상적 구두 표현 행위라는 이 계율과 엑소몰로게시스에 따라다니는 순교 모델이 대조를 이룹니다. 신체에 가해진 금욕적 고행과 사유에 적용된 항상적 구두 표현 행위의 계율, 신체로 고행할 의무

47 이 용어에 대해 더 상세하게 알고 싶으면 다음을 참조하라. Cf. M. Senellart, dans GV, p. 311-312, n. 53.
* 버클리대학 강연: 푸블리카치오 수이la publication sui
** 버클리대학 강연: 철저한 구두 표현 행위

와 사유를 구두로 표현할 의무는 심층적으로 긴밀하게 연결되어 있습니다.[*] 이들은 동일한 목표와 동일한 효과를 갖는 것 같습니다. 그 결과 이 두 실천의 공통 요소로서 다음과 같은 원리, 즉 초기 그리스도교의 이 두 경험에서 자기 자신에 관한 진실의 폭로는 자기 자신을 포기해야 하는 의무와 분리될 수 없다는 원리를 끌어낼 수 있습니다. 우리는 자기 자신과 관련된 진실을 발견하기 위해 자기를 희생해야 하고, 자기 자신을 희생하기 위해서는 자신에 관한 진실을 발견해내야 합니다. 진실과 희생, 우리 자신에 관한 진실과 우리 자신의 희생, 이것들은 심층적으로 긴밀하게 연결되어 있습니다. 그리고 우리는 이 희생을 삶의 양식의 근본적 변화로 간주해야 할 뿐만 아니라 다음과 같은 정식, 요컨대 너는 실제적인 신체와 실제적인 삶으로서의 네가 소멸하는 오직 그 순간, 그런 너를 네 스스로 파괴하는 오직 그 순간에만 너는 진실을 현시하는 주체가 될 것이라고 하는 정식으로부터 결과되는 것이기도 합니다.[48][**]

---

[*] 버클리대학 강연: 신체에 가해진 금욕적 고행과 사유에 적용된 구두 표현 행위의 의무, 이 두 가지—신체적 고행과 구두 표현 행위—는 대칭을 이룬다.

[48] 콜레주드프랑스 1979-1980년 강의 끝자락에서 푸코는 이렇게 단언한다. "진실 생산과 자기 포기 간의 관계는 제가 보기에 그리스도교적 주체성의 도식이라고 부를 수 있는 것입니다. 더 정확하게는 그리스도교적 주체화의 도식, 자기 포기와 자기 진실의 생산 간의 의무적 관계로 역설적인 방식으로 특징지어지는, 그리스도교 내에서 역사적으로 형성·발달한 주체화 절차라 부르도록 합시다." Cf. GV, p. 303. 콜레주드프랑스 1981-1982년 첫 강의에서 푸코는 "도덕의 역사에서의" 일련의 "역설들"에 대해 이야기하는데, 그가 보기에 그것들은 고대 이후로 자기 배려의 원칙을 실격시키는 데 공헌했지만 그리스도교를 명시적으로 참조하지는 않는다(Cf.《주체의 해석학》, 55-58쪽(HS, p. 14-15)). 그렇지만 2년 후에는 여기에다가 "그리스도교 내의 자기 배려에서의 역설"을 덧붙일 수 있을 것이라고 암시하는 듯하다. 정확하게는 다시 말해 그리스도교 내에서 자신의 구원을 추구한다는 것은 물론 자기를 배려한다는 의미이지만, 이 배려는 자기 포기의 형식을 취해야 한다는 것이다. 푸코에 따르면 이 그리스도교적 역설은 우리(서구-옮긴이) 사회에서 아마도 자기 배려를 수상쩍은 어떤 것으로 변형시키는 데 기여했고, "자기애의 한 형태, 이기주의의 한 형태 혹은 타인들에게 가져다줘야 하는 이익 혹은 자기희생과 모순되는 것으로 쉽게 고발된다." Cf. M. Foucault, "L'éthique du souci de soi comme pratique de la liberté," entretien cit., p. 1531, 1536.

[**] 버클리대학 강연: "우리는 자기 자신과 관련된 진실을 발견하기 위해 자기를 희생해야 하고……"부터 문단 끝까지가 다르다: 우리는 자기 자신과 관련된 진실을 발견하기 위해 자기를 희생해야 하고, 이 희생을 삶의 양식의 근본적 변화로 간주해야 할 뿐만 아니라 다음과 같은 정식, 요컨대 너

92
—
93

여기서 중단합시다. 저는 너무 장황했고 너무 도식적이기도 했습니다. 제가 말씀드린 것을 단지 출발점으로만, 니체가 큰 일들의 시작으로 바라보기를 좋아했던 소소한* 기원들 중 하나로만 여겨 주시면 감사하겠습니다. 수도원에서의 실천들이 예고한 큰 일들이 여럿 있습니다. 그런 것들 중 몇 가지를 말씀드리고 강연을 신속히 마치고자 합니다.

먼저 보시다시피 새로운 유형의 자기가 등장합니다. 혹은 적어도 자기 자신과 맺는 새로운 유형의 관계가 등장하죠. 지난주에 말씀드렸던 것을 떠올려 보시기 바랍니다. 그리스의 자기 테크놀로지, 혹은 철학적 자기 테크놀로지가 목표로 삼았던 바는 기억의 형태로 인식의 주체와 의지의 주체를 항상적으로 중첩시킬 수 있고 또 중첩시켜야 하는 자기를 만들어내는 것이었습니다. 제 생각에 그리스도교 내에서 우리는 훨씬 더 복잡한 자기 테크놀로지의 전개를 보게 됩니다. 이 자기 테크놀로지는 존재의 인식─세계의 인식 혹은 자연의 인식─과 자기 인식 간의 차이를 유지하고 있고, 이 자기 인식은 해석되어야 할 객관적 소여의 장으로서 사유가 구성되는 과정에서 구체화됩니다. 그리고 해석자의 역할은 사유의 가장 미세한 움직임들을 꾸준히 구두로 표현하는 작업을 통해 수행됩니다. 그렇기 때문에 이 테크닉과 결부된 그리스도교적 자기를 인식형이상학적 자기라고 부를 수 있습니다.

는 타인들에 대한 복종을 통해 혹은 푸블리카치오 수이 안에서 너 자신이 죽는 상징적 미장센을 통해, 네 고유의 의지의 주체이기를 포기하는 조건 하에서 너 자신에 관한 진실을 현시하는 주체가 될 것이라고 하는 정식으로부터 결과되는 것이기도 합니다. Facere veritatem, 자기 자신에 관한 진실을 밝혀내는 것은 이러한 희생 없이는 불가능합니다.
* 　　　버클리대학 강연: 미세한

제가 보기에 중요한 두 번째 점은 다음과 같습니다. 초기 그리스도교에서 엑소몰로게시스와 엑사고레우시스 사이에서의 어떤 동요가 있다는 데 주목하실 수 있을 것입니다. 죄인의 현시, 그 죄인으로서의 존재의 현시를 지향하는 자기에 대한 진실의 테크놀로지를 우리는 그리스도교의 존재론적 경향이라 부를 수 있고 이것은 엑소몰로게시스입니다. 그리고 또 다른 테크놀로지, 즉 사유에 대한 항상적인 담론적 분석을 지향하는 진실의 테크놀로지는 엑사고레우시스이며 여기서는 그리스도교의 인식론적 경향을 볼 수 있습니다. 그리고 아시다시피 수많은 갈등과 동요들을 거친 후, 두 번째 형태의 테크놀로지, 이 인식론적 자기 테크놀로지, 혹은 자기의 가장 미세한 운동들의 발견과 그것의 항상적 구두 표현 행위를 지향하는 이 자기 테크놀로지, 바로 이 형태가 수세기 이후 승리를 거두었고 오늘날에도 지배적입니다.

심지어 엑사고레우시스에서 파생된 이 해석학적 기술들 내에서조차도 진실 생산은, 기억하시겠지만, 매우 엄격한 조건 없이는 달성될 수 없었습니다. 그 엄격한 조건이란 자기희생을 내포하는 자기해석학입니다. 그리고 제 생각에 이건 심층적인 모순이거나, 아니면 이렇게 말해도 괜찮다면 자기에 대한 그리스도교적 테크놀로지의 어마어마한 풍부함입니다. 그것은 바로 자기희생 없이는 진실도 없다는 것입니다. 제 생각에 서구 문화의 큰 문제들 중 하나는, 초기 그리스도교에서 그랬던 것처럼, 자기해석학 창설의 가능성을 자기희생에서 발견하지 않고, 반대로 실정적 자기의 출현, 이론적이고 실천적인 자기의 출현에서 발견했다는 것입니다. 그것은 사법 제도들의 목표였고, 또한 의학적 실천과 정신의학적 실천의 목표이기도 했으며, 정치 이론과 철학 이론의 목표이기도 했습니다. 그것은 명확한 자기의 뿌리로서의 주체성의 토대를 구성하는 것으로, 서구 사유의 항구적 인간중심주의라 부를 수 있는 그것입니다. 그리고 제 생각에 이 인간중심주의는, 그리스도교에서는 무한한 해석의 장으로서의 자기를 여는 조건이었던 희생을 인간이라는 실정적 형상으로 대체하고자 하는 심층적 욕망과 연결되어 있습니다.[49] 최근의 두 세기 동안 이 문제는 다음과 같았습니다. 우리가 수 세기 동안 발전시켜 온 자기 테크놀로지의 실정적 토대는 어떤 것일 수 있을까? 하지만 아마도 정말 우리에게 이 자기해석학이 필요하냐고 자문해야 할 순간이 온 것 같습니다. 자기의 문제는 실정성 내에서 자기 자신이 무엇인지를 발견하는 것이 아닌 것 같고, 실정적 자기나 자기의 실정적 토대를 발견하는 것도 아닌 것 같습니다. 지금 우리의 문제는 아마도, 자기라는 것은 우리(서구-옮긴이)의 역사 속에서 구성된 테크놀로지의 역사적 상관물에 다름 아니라는 것을 발견하는 것이라 생각됩니다.[50] 아마도 문제는 이 테크놀로지들을 변화시키는 일

---

49 1982년 버몬트대학에서의 세미나를 마무리하면서 푸코는, 18세기부터 "여러 '인간 과학들'이 구두 표현 행위의 테크닉들을 다른 맥락에 다시 끼워 넣었고, 그 테크닉들을 주체가 자기 자신을 포기하는 도구가 아니라, 새로운 주체를 구성하는 긍정적 도구로 만든다"고, 유사한 방식으로 강조한다. Cf. M. Foucault, "Les technique de soi," conférences cit., p. 1632.

50 1980년 10월 24일 버클리에서 있었던 허버트 드레퓌스와의 대담 와중에 푸코는 이렇게 단언한다. "저의 문제는 서구의 철학, 혹은 적어도 프랑스 철학에는 (……) 주체의 철학이 자기 자신을 해석하고 자기 자신에게 질문하며 인간 존재에 대한 어떤 객관적 철학을 발견한 척하는 (이것은 휴머니즘일 수도 있고, 인류학 등일 수도 있습니다) 그런 전통이 있다는 사실입니다. 이 인류학의 운동, 인간 중심주의의 운동, 휴머니즘의 운동, 그 전복, 이 항구적인 경향 그리고 제가 해석학이라고 부르고자 하는 바는, 자기로부터 출발해, 주관적 경험으로서의 자기 경험으로부터 출발하여, 인간 존재에 대한 객관적 인식으로서 보편적 가치를 갖는 어떤 것을 발견하고, 탐색하는 데 있습니다. 바로 이것이 제가 비판하고자 하는 바입니다." 그리고 이어서 이렇게 설명한다. "방법론적 관점에서 볼 때, 우리가 발견할 인간의 어떤 본질 혹은 우리가 그것을 찾을 수 없다고 하는 그런 방식으로 정의될 인간의 어떤 본질을 애초에 우리에게 부여하지 않는 유일한 방법은, 최초 심급에서부터 실천들로부터 출발해 분석하는 것, 그 실천들의 역사성 내에서, 우리가 한 것 내에서의 실천들로부터 출발해 분석하는 것입니다. 그리고 이와 더불어 한편으로 우리는 물론 인간 본성의 설정을 회피하고, 처음부터 인간에게 있는 이러저러한 본질이라는 것의 설정을 회피하고, 혹은 실존주의의 주제였던 "인간 본질에 대한 인식은 있을 수 없다"고 말하는 것 또한 회피하게 됩니다. 그럼에도 불구하고 이것은 인간의 어떤 본성을 설정하는 특정한 방식, 즉 부정적 인간중심주의입니다. 만약 우리가 실정적 인간중심주의도 피하고자 한다면, 실천들에 대한 역사적 분석 방법을 출발점으로 삼아야 할 필요가 있다고 생각합니다."Cf. M. Foucault, Discussion about books, inédit, IMEC/Fonds Michel Foucault, C 18(1).

일 것입니다. 그리고 그런 경우에, 오늘날 정치의 가장 중요한 문제 가운데 하나는 엄밀한 의미에서 우리 자신에 대한 정치가 될 것입니다.[51] 감사합니다.*

---

[51]　이 표현은 푸코가 1982년 2월 17일 《주체의 해석학》 강의에서 말한 것을 생각나게 할 수 있다. "다소 중단되고 엉켜버리긴 했지만, 아마도 자기 윤리를 복원하려던 이 일련의 시도와 노력에는, 그리고 이제 우리로 하여금 자기 윤리를 부단히 참조하게 하면서도 아무런 내용을 제공하지 않는 이 운동에는, 뭔가 의심해봐야 할 점이 있는 것 같은데, 그것은 오늘날 자기 윤리를 구축하는 것이 불가능하지는 않을까 하는 점인데요, 하지만 결국 자기와 자기가 맺는 관계 밖에는 정치권력에 대한 저항의 일차적이고 궁극적인 지점이 없다는 것이 사실이라면 자기 윤리를 구축하는 것이 시급하고 근본적이며 정치적으로 필요 불가결한 임무일 텐데 말입니다." Cf. 《주체의 해석학》, 283쪽(HS, p. 241). 그러나 이 표현을 칸트와 계몽에 대한 텍스트들에 비추어 해석하는 것 역시 가능할 것이다. 그 텍스트들에서 푸코는 "우리 자신의 존재론"이라는 형식 내에서 "비판"에 대한 생각을 전개하는데, "우리 자신의 존재론"은 동시에 "현실태의 존재론"이기도 하며, 그러므로 명백하게 "정치적인" 가치를 수용한다. Cf. 〈혁명이란 무엇인가?〉, 〈계몽이란 무엇인가?〉, 《자유를 향한 참을 수 없는 열망》, 175, 194-195쪽(GSA, p. 22: "What is Enlightenment?" et "Qu'est-ce que les Lumière?," dans DE II, n° 339 et 351, p. 1393 et 1506-1507). 어쨌든 강조해야 하는 것은 정치적 작업과 역사적 조사 간의 관계이다. 푸코가 1981년 인터뷰에서 단언하는 것처럼, 중요한 것은 여전히 "역사적 분석을 통해서 사물들을 가장 허약한 것으로 되돌려 놓는 것, 혹은 오히려 그것들이 이렇게 구성될 수 있었던 것은 어떤 이유에서인지, 또 어떻게 그럴 수 있었는지를 한꺼번에 보여주는 것, 그러나 또 동시에 그것들이 모종의 명확한 역사를 통해 구성되었음을 보여주는 것"이다. "우리가 광기와 맺는 관계는 역사적으로 구성된 것입니다. 그리고 그것이 역사적으로 구성된 이상, 그것은 정치적으로 해체될 수 있습니다. 제가 '정치적으로'라고 말할 때 저는 '정치'라는 말에 아주 넓은 의미를 부여합니다. 어쨌든 여러 행위 가능성들이 있는데, 왜냐하면 특정 수의 행위들과 대응 행위들을 통해, 특정 수의 투쟁들과 갈등들을 통해, 특정 수의 문제에 답하기 위해, 이러한 해결책들을 선택했기 때문입니다.

*　버클리대학 강연: "먼저 보시다시피 새로운 유형의 자기가 등장합니다……"부터 강의 끝부분까지가 다르다.
1) 인식형이상학적 자기라 부를 수 있을 것의 출현. 제가 어제 말씀드린 것을 기억하실 것입니다. 그리스적 자기 테크놀로지는 제가 격언적 자기라 부른 것, 기억이라는 형식 속에서 인식하는 주체와 의지하는 주체가 항상적으로 겹쳐지는 상태를 만들어내는 것을 목표로 했습니다. 제가 이 강연 초반에 말씀드린 걸 기억하실 겁니다. 영지주의적 유형의 운동들에서 중요했던 것은 하나의 존재론적 일체성을 구성하는 것, 영혼의 인식과 존재의 인식을 구성하는 것이었고, 이렇게 해서 영지주의적 자기라고 부를 수 있는 것이 구성되었을 것입니다. 그리스도교에서는 훨씬 더 복잡한 테크놀로지가 발전하는 것을 보게 됩니다. 이 테크놀로지는 첫 번째로, 자기의 인식과 존재의 인식 간에 차이를 유지합니다. 그리고 이는 영지주의적 자기, 영지주의적 자기 테크놀로지와의 주된 차이입니다. 그리고 〔두 번째로〕 이 자기 테크놀로지는, 격언적 자기에서처럼 의지와 진실의 동일시에서 그 형태를 취하는 것이 아니라, 해석되어야 할 주관적 소여들로서의 사유들을 구성하는 데서 그 형태를 취합니다. 그리고 해석자의 역할은, 사유의 가장 미세한 운동들에 대한 계속적인 구두 표현 행위 작업이 담당합니다. 바로 이것이 우리가, 이 테크닉과 연결되어 있는 그리스도교적 자기를 인식형이상학적 자기라고 말할 수 있는 이유입니다.
2) 제가 보기에 중요한 두 번째 점은 다음과 같습니다. 원시 그리스도교에는 존재의 현시를 지향하는 자기에 대한 진실 테크놀로지와, 사유들의 담론적 분석을 지향하는 진실 테크놀로지 사이에 항구적인 동요가 있었습니다. 존재의 현시를 지향하는 자기에 대한 진실의 테크놀로지인 엑소몰로게시스를 우리는 그리스도교의 존재론적 경향이라고 부를 수 있겠습니다. 그리고 사유들의 담론적 분석을 지향하는 진실 테크놀로지를 저는 엑사고레우시스라고 부르고 싶은데, 이것을 그리스도교의 인식론적 경향이라고 부를 수 있겠습니다. 그리고 아시다시피 수많은 동요를 거친 후, 수많은 갈등과 변동을 거친 후, 두 번째 것인 엑사고레우시스, 즉 그리스도교의 인식론적 경향이 승리를 획득했습니다.
3) 엑사고레우시스에서 파생된 이 해석학적 기술에서조차도 아주 엄격하고 아주 강제적인 조건 없이

는 진실 생산에 도달할 수 없습니다. 이미 살펴본 것처럼, 이 자기해석학은 자기희생, 그리고 물론 정체성 부정 과정을 내포합니다. 그리고 이것은, 제 생각에는, 그리스도교 자기 테크놀로지들의 근본적인 모순, 혹은 이렇게 말해도 괜찮다면 가장 거대한 풍요로움입니다. 자기희생 없이는 자기에 대한 진실도 없는 것입니다. 그리스도교에서 죄들을 고백한다는 것이 갖는 핵심적 특징이 여기서 설명됩니다. 죄들을 고백하는 데 있어서의 이러한 구두 표현 행위는 담론적 진실 게임으로 제도화됩니다. 이 담론적 진실 게임은 분명 말하는 와중에 있는 주체의 희생입니다.

4) 그리고 마지막으로 서구 문화의 중대한 문제들 중 하나는, 자기해석학을 창설할 가능성을 발견하는 것이었습니다. 자기희생 위가 아니라 자기의 실정적 출현 위에, 자기의 이론적이고 실천적 출현 위에, 자기 희생적 테크놀로지가 아니라 자기 정체성의 테크놀로지로 향하는 방향 위에 말입니다. 그것은 중세 중반부터 사법 제도들의 목표였고, 또 18세기 말부터는 의학적 실천, 정신의학적 실천 그리고 심리학적 실천의 목표이기도 했으며, 17세기부터는 정치 이론, 철학 이론 그리고 인식 이론의 목표이기도 했습니다. 이것은 서구적 사유 방식에서 우리가 항구적 인간중심주의라고 부를 수 있는 것의 토대, 그 근본 뿌리입니다. 이 인간중심주의는, 즉 정체성의 테크놀로지를 향하고 자기해석학의 뿌리로서의 인간 이론으로 향하는 이러한 방향은, 그리스도교의 상황과 유산에 연결되어 있습니다. 이것은, 그리스도교에서 무한한 해석의 장으로서의 자기가 시작되는 조건이었던 이 희생을 인간의 실정적 형상으로 대체하려는, 서구 현대사회의 근본적 욕망과 연결되어 있습니다. 서구 문화의 이러한 문제, 여러 문제들 중 하나는 다음과 같다고 말할 수도 있을 것입니다. 어떻게 자기해석학을 구해낼 수 있을 것이며, 그리스도교 초기부터 이러한 해석학과 연결되어 있던 필요불가결한 자기희생을 청산할 수 있을까? 두 세기 동안의 문제는, 무엇이 우리가 여러 세기에 걸쳐 발전시켜온 자기 테크놀로지의 실정적 토대일 수 있을까를 묻는 것이었습니다.

하지만 다른 문제를 제기할 때가 온 것 같습니다. 이 자기해석학을 구원할 가치가 있을까요? 그리스도교의 초기 몇 세기에서 물려받은 이 자기해석학이 진짜로 우리에게 여전히 필요할까요? 이러한 자기해석학의 토대 역할을 하는 인간, 실정적 인간이 우리에게 필요할까요? 아마도 자기의 문제는 그것이 무엇인지를 발견하는 것이 아니라, 우리 역사 속에서 고안된 테크놀로지의 상관물에 다름 아닌 자기를 발견하는 것일 것입니다. 그래서 이 문제는 아마도 해석 테크놀로지들을 위한 실정적 토대를 발견하는 것이 아니고, 이제 이 테크놀로지들을 바꾸거나 이 테크놀로지들을 청산해서, 이 테크놀로지들과 연결되어 있는 희생을 청산하는 것입니다. 그렇게 되면 주요한 정치적 문제들 중 하나는, "정치"라는 말의 엄격한 의미에서, 주요한 문제는 우리 자신에 대한 정치일 것입니다. 경청해주셔서 감사합니다.

'진실과 주체성'에 관한 토론

(1980년 10월 23일)

성 아우구스티누스의 《고백록》은 선생님의 도식 내에서 어떻게 검토되고 있습니까? 세 번째 유형의 고백이 문제인가요?

네, 말씀하신 그대로입니다. 저는 성 아우구스티누스에 관한 상당히 긴 설명을 준비했었는데요, 하지만 물론 이야기할 시간이 없었습니다.[1] 보시다시피 만약 제가, 성 아우구스티누스에 관해서보다도, 희랍 교부들이 엑소몰로게시스와 엑사고레우시스라 불렀던 것을 강조했다고 한다면 그 이유는 엑소몰로게시스와 엑사고레우시스가 제도화된 고백의 양식이었기 때문이고, 또 그것들이 제도들의 모든 특성들을 갖고 있었기 때문입니다. 요컨대 그 둘은 사람들에게 강요되었고 또 모든 제도들이 그렇듯 교회의 역사와 그리스도교의 역사 속에서 변화되어 왔습니다. 중세에 죄의 고해는 엑사고레우시스와 엑소몰로게시스의 기묘한 혼합물과 같습니다. 바로 그렇기 때문에 저는 우선 이 두 주제들을 강조했던 것입니다. 저는 성 아우구스티누스에 대해 말할 생각이었고, 희랍 교부들이 엑소몰로게시스라고 불렀던 것과 합치되는 측면이 《고백록》에서 발견된다고 말해야 합니다. 성 아우구스티누스는 자기 자신을 죄인으로서 현시하기를 원했거나, 혹은 자신이 젊은 시절에 어떤 점에서 죄인이었는지 등을 현시하고 싶어했습니다. 그리고 자기 자신이 죄인인 상태를 이렇게 공적으로 표명하는 것은 《고백록》 집필에서 대단히 중요한 어떤 것입니다. 물론 엑

---

1   푸코는 며칠 뒤인 1980년 11월 초 뉴욕대학의 인문학 연구소Institute for the Humanities에서, 리처드 세넷과 함께 영어로 진행한 세미나에서 성 아우구스티누스에 대해 좀 더 길게 이야기할 것이다. 이 세미나는 1981년에 "성현상과 고독"이라는 제목으로 부분적으로 출판될 것이다. Cf. M. Foucault, "Sexualité et solitude," conférence cit., p. 987-997. 그렇지만 여기서 푸코는 고백을 다루는 것이 아니라, 그리스도교에 의해 제시되고 성 아우구스티누스에 의해, 특히 《하느님의 도성》과 《율리아누스 답변 반박》에서 제시된 '성의 리비도화'와 '자기를 성적 존재로 이해하는 새로운 양식'을 다룬다. Cf. ibid., p. 993-996.

사고레우시스의 측면도 있습니다. 그는 자기 안에서, 자기의 사유 방식 속에서, 자기 삶에서, 그 밖에 자기 자신의 이곳저곳에서 일어난 일을 세심하게 검토하고 싶어했으니 말입니다. 물론 중요한 두 가지 차이점이 있습니다. 첫 번째는 그것이 그의 친구들을 위해 쓰여진 책이라는 점입니다. 성 아우구스티누스는 그리스도교 지식인 모임에 속해 있었고, 밀라노에서 그들과 함께 살았으며 또 그가 《고백록》을 썼던 히포 레기우스에도 한 무리의 친구들이 있었습니다. 그리고 이 책은 자기가 메타노이아를 실행한 개인적인 방법을 자기 친구들에게 설명하는 그런 것이었습니다. 이것은 고전기 그리스의 특정 철학 학파, 예를 들어 에피쿠로스 학파 사람들에게서 일어났던 일과 유사합니다. 당신 안에서 일어난 일과 당신이 살아온 삶 등을 친구들에게 말하는 이러한 방법은 철학 학파들에서는 전통적인 어떤 것이었습니다.[2] 그리고 두 번째 점은 카시아누스가 대표하는 에바그리우스적 전통에서 사유들을 점검하는 것과 성 아우구스티누스의 《고백록》에서 대상으로 삼는 바가 너무나도 다르다는 것입니다. 성 아우구스티누스는 사유들이나 로기스모이, 코지타치오네스(사유)에는 관심이 없고 다만 코르디스 아펙투스cordis affectus(마음의 느낌들)에 관심이 있습니다. 즉 사유의 움직임에는 관심이 없고 마음의 움직임에만 관심이 있다는 것입니다.[3] 그리고 제 생각에 이것은 아주 다른 어떤 것입니다. 그리스도교에는 문학적이고 철학적인 전통이 있었고, 그 전통은 물

2   Cf. 《주체의 해석학》, 392, 418-420쪽(HS, p. 347, 372-374). 여기서 푸코는 무엇보다도 에피쿠로스주의자들에 관해, "친구들에게 솔직해야 할 의무들, 마음에 품은 것을 모두 말할 의무들"에 관해 말한다.
3   《고백록》에 나오는 "cordis affectus"의 역할에 대해 더 상세하게는 다음을 보라. 《아우구스티누스》, 정기문 옮김, 새물결, 2012 중 제2부 《고백록》. Peter. Brown, La vie de saint Augustin, Paris, Seuil, 2001(première édition: 1971), p. 219-221.

론 아주 중요했습니다. 하지만 적어도 반종교개혁 이전까지는 결코 그 전통이 제도화되지 않았습니다. 그리고 17세기 초 서구 가톨릭에서 이루어진 성 아우구스티누스로의 회귀는 코르디스 아펙투스의 중요성을 잘 드러내 보여줍니다. 하지만 이건 제 생각에 또 다른 이야기입니다.

성 아우구스티누스가 철학적 전통과 교부 전통 사이에서 나온 일종의 혼종의 예라 생각하시는 겁니까?

그렇습니다. 그리스도교에서 성 아우구스티누스의 교의가 갖는 이론적이고 실천적인 중요성은 상당하고 막대합니다. 하지만 《고백록》 그 자체, 즉 책 자체로서 끼친 영향은 이론적이고 문학적인 전통에 국한되었고, 그리스도교의 제도나 실천들 그리고 그리스도교의 자기 테크놀로지에는 그다지 큰 영향은 주지는 못했다고 생각합니다. 제 생각에 이 책의 영향력은 17세기 전까지는 별다른 중요성을 갖지 못했지만 17세기가 되자 아주아주 엄청난 중요성을 갖게 됩니다.

언제나 가톨릭 전통에 대해 말씀하시는 것 같습니다. 그런데 성 아우구스티누스와 루터교 전통이 맺는 관계는 선생님이 보시기엔 어떻습니까? 고백과 자기 점검에 프로테스탄트적인 측면도 있을까요?

아주 도식적으로 말씀드려야겠는데요, 우선은 종교개혁, 루터의 종교개혁에서의 주된 문제들 중 하나는 진실과의 관계와 자기 자신과의 관계 간의 관계였습니다. 빛에 접근하는 것과 영혼의 심층을 탐색하는 것이 같은 것일까요? 가톨릭 전통에서 이 둘은 매우 다른 것이었고, 이 둘 간에는 거의 아무런 관계도 없었습니다. 글쎄요, 루터의 문제는 초기 그리스도교에서 실제로 정의한 바 있는 관계들, 즉 계시의 두 방식 간의 관계, 다시 말해 자기 자신의 계시와 신의 빛에 의한 계시가 맺는 관계를 발견하거나 재발견하는 것이었습니다. 성서 해석의 문제, 경험의 문제 그리고 진실의 주된 기준으로서의 종교적 경험의 문제는 이 새로운 관계들의 한 예시, 혹은 계시의 이 두 양식 간의 쇄신된 관계들의 한 예시입니다.[4] 그리고 제 생각에는 루터에게서 아주 중요한 어떤 것이 또 있는데, 그것은 그가 8세기부터 가톨릭 교회 내에서, 그리고 가톨릭의 경험 내에서 확립된 사법적 전통을 청산하고 싶어 했다는 것입니다.[5] 왜냐하면 제 생각에 서구의 가톨릭, 혹은 서구 그리스도교에서는 8세기부터 종교적 경험의 모든 구조에 사법적 형식이 겹쳐졌는데, 그 사법적 형식은 곧 정치적 형식이기도 합니다. 예를 들어 죄의 고해는 엑소몰로게시스[6]와 엑사고레우시스 그리고 새로운 사법 구조들 및 절차들의 혼합물입니다. 그것은 16세기까지 속죄 의식으로서 유지되긴 했지만 매우 적은 비중을 차지했고 너무나 작은 역할만을 했던 전통적 엑소몰로게시스와 수도원 제도였던 엑사고레우시스 그리고 새로운 사법 구조에

---

4   푸코는 《생명 존재들의 통치에 관하여》 1980년 1월 30일 강의에서 이 문제에 접근한다. 이 강의에서 그는 프로테스탄티즘을 "고백의 체제와 진실의 체제를 연결하는 일정한 방식"으로서 제시한다. 그 결과 "교의 내용에 대한 동의는 자기 자신을 탐구하는 주체성에서의 자기와 자기가 맺는 관계와 동일한 형태"를 취하게 된다. Cf. GV. P. 83-84. 루뱅에서의 1981년 4월 29일 강의에서 푸코는 프로테스탄티즘에 대해 그것이 "서구의 문화, 유럽의 문화, 서구 그리스도교가, 진실을 믿을 의무와 자기 자신에 진실된 어떤 것을 발견할 의무, 즉 텍스트의 진실인 동시에 자기 자신에 대한 진실일 어떤 것을 자기 안에서 발견해야 할 의무 간의 관계를, 처음부터 다시 제기하려고, 또 새로운 용어로 제기하려고 [……] 시도했던 거대한 기획"이었다고 다시 한 번 명확히 설명한다. Cf. MFDV, p. 90.

5   푸코는 루뱅에서의 1981년 5월 13일 강의에서, 7-8세기부터 교회가 "그 내부에서 신과 인간 간의 관계들이 근본적으로 사법화되는 제도"가 되었으며, "종교개혁―루터, 칼뱅―은 물론 신과 인간 간의 관계들을 탈사법화하기 위한 거대한 노력일 것"이라고 주장한다. Cf. MFDV, p. 185.

6   푸코는 "엑사고레우시스"라고 말한다.

서 핵심을 이루는 자백, 즉 범죄의 자백을 동반하는 새로운 사법 구조, 새로운 사법 절차였던 다른 어떤 것의 혼합물인 것입니다.[7] 죄의 고해는 이 세 요소들의 혼합물입니다. 그리고 이러한 절차들의 교차점에 가톨릭의 종교재판, 그리스도교의 종교재판이 위치합니다. 루터는 물론 이 모든 것을 없애버리고 싶어 했습니다. 그리고 인간과 신이 맺는 관계들이 본성상 사법적이라는 생각은, 제가 보기에는 루터의 가장 큰 적수[8]였고 루터는 그런 생각에서 벗어나고 싶어 했습니다. 그러니까 제 생각에는 이 두 가지 점들이 이 역사 속에서 루터의 위상을 설명할 수 있을 것 같습니다.

수도원 제도에서의 고백 및 자기해석학과 프로이트가 말하는 억압 간에는 어떤 관계를 설정하십니까?

수도원 제도와 프로이트의 실천 간의 관계 말씀입니까? 제가 그것에 대해 말하기를 원하십니까? 저도 참 그러고 싶긴 한데, 그럴 능력이 있는지 잘 모르겠습니다…… 왜냐하면 보시다시피 저는 회고적 역사를 정말 좋아하지 않기 때문입니다. 아니면 저는 적어도 이런 식으로 말하고 싶지는 않습니다. "아, 보시다시피 세례 요한이나 성 요한 크리소스토무스가 이런 걸 이야기했고요, 그리고 프로이트나 융이나 라캉이나 이런 사람들에게서 똑같은 걸 발견하실 수 있고요." 이런 건 제 식이 아니고, 이런 종류의 것에는 정말로 관심이 없습니다. 하지만 이삼 년 전 즈음에

---

7 푸코는 루뱅에서의 1981년 5월 13일과 20일 강의에서, 중세부터 20세기에 이르기까지 사법 제도들과 절차 내에서 고백이 더욱 더 중요하게 차지하게 되는 자리의 역사와 짝지어서, 참회와 고백의 점진적 "사법화"의 역사를 작성한다. Cf. MFDV, p. 161-233.

8 미셸 푸코는 이 낱말(adversaire)을 프랑스어로 발음한다.

카시아누스를 읽었을 때 전혀 다른 점들 때문에 정말 놀라긴 했었습니다. 첫 번째로는 에바그리우스의 전통 내에 있는 카시아누스의 자기 점검 테크닉들이 매우 잘 다듬어져 있었고 아주 복잡했으며 고도로 정밀했다는 것입니다. 두 번째로는, 제 생각에 이건 피해갈 수 없을 것 같은데, 수도사가 자기 자신의 사유들을 가지고 해야 하는 일을 기술記述한 것이 프로이트의 검열과 똑같다는 사실, 즉 수도사가 기술記述한 것을 프로이트의 검열이 거꾸로 행한 것과 똑같다는 사실입니다. 검열에 대한 프로이트의 기술記述은 거의 한 마디도 빠짐없이 환전상의 은유에 관한 카시아누스의 기술記述과 동일합니다. 이걸 어떻게 설명해야 할까요? 역사적인 우연의 일치, 아니면 메타역사적 우연의 일치라고 말할 수 있을까요? 어쩌면 그럴지도 모르죠. 다른 방식의 설명, 역사적 설명은 이렇게 말할 겁니다. "글쎄요, 보시다시피 그리스도교에서의 명상, 자기 점검, 고백 등등의 테크놀로지는 강력하고 심층적이고 서구 문명에서의 모든 사람들 각자의 삶과 의식과 실천들에 너무나 뿌리 깊이 박혀 있습니다. 우리는 그 흔적들 혹은 그 골조들을 19세기의 고전 정신의학 속에서 찾을 수 있죠. 프로이트는 바로 이 정신의학에서 그것들을 발견했고 그리스도교의 영적 테크닉들을 재발견한 것이죠." 하지만 전 이런 설명이 마음에 들지 않습니다. 왜냐하면 19세기의 정신의학적 테크닉들에서 영적 테크닉과 관련된 어떤 것을 찾아내기는 매우 힘들기 때문입니다. 물론 저는 제 첫 번째 강의에서 뢰레의 일화를 인용했습니다. 뢰레는 자신의 환자에게 스스로가 광인임을 고백하도록 강요하고 싶어 했습니다. 하지만 그것이 정확하게 엑사고레우시스 등등의 그리스도교적 테크닉이라고 말할 수는 없습니다. 그러면 프로이트는 왜 ,그리고 어떻게 그것을 재발견했을까요? 전혀 모르겠어요.

히브리 전통 쪽을 살펴봐야 할까요? 그렇진 않을 것 같습니다. 왜냐하면 히브리 전통에는 엑사고레우시스나 엑소몰로게시스와 같은 것이 전혀 없다고 거의 확신할 수 있기 때문입니다. 그러니까 이것이 문제이고, 지금으로서는 답할 말이 없습니다. 하지만 제가 답할 수 없는 이유는 아마 그것이 하나의 환상이기 때문이고, 아마도 카시아누스와 프로이트 사이에 아무 유비 관계나 유사점이 없기 때문일 것입니다. 그래도 의심이 들긴 합니다…… 그러니까 이건 지금의 저로서는 답이 없는 문제입니다.

선생님께서는 《감시와 처벌》에서, 고문에 의거한 재판으로부터, 개인의 감정과 충동을 고려하는 재판으로 이행한 것에 대해 말씀하셨습니다.[9] 그것이 참회로부터 고백으로의 이행과 관계가 있습니까?

네, 그렇다고 생각합니다. 제 생각에 서구 사회는 어떤 시대를, 뭐라고 말해야 할까요, 사법의 시대, 사법의 시기를 겪었습니다. 이 시기는 12세기 혹은 13세기부터 시작해서 19세기 초까지 지속되었는데요, 거기에는 거대한 정치적 헌법들과 거대한 민법 및 형법이 수반되었습니다. 그리고 이러한 사법 구조는 지금에 와서는 쇠퇴하고 사라지는 중입니다. 13세기부터 19세기 초까지, 모든 서구 사회는 법과 법정과 사법 제도의 도움으로 사람들을 통치할 수 있기를 바라고 꿈꿨습니다. 그리고 인간의 권리 등등을 가지고 헌법을 제정하겠다는 생각, 인류에게 보편적인 법전, 혹은 적어도 국가라는 틀 내에서는 보편적인 법전을 만들겠다는 기획은 사법적 형태의 통치가 꿈꾸었던 것입니다. 통치 기술과 사

9   Cf. 《감시와 처벌》, 44-51쪽(SP, p. 23-26).

법 구조들 간의 이러한 우연의 일치는 제 생각에 13세기부터 19세기까지의 이 오랜 동안 나타났던 거대한 경향들 중 하나였습니다. 그리고 이제는, 우리가 알기로는 — 우리가 알까요? —, 우리가 듣기로는, 사법 구조로는 더 이상 사람들을 통치할 수 없다고 합니다. 전체주의 현상은 사법 구조가 사람들을 통치하기에 충분치 않다는 사실을 발견한 데 따른 첫 번째 결과, 또 가장 위험한 결과입니다. 답변이 되었는지 모르겠네요.

그렇다면 이러한 전체주의 현상과 맞서 싸우기 위해서 좀 거슬러 올라가서 사법 구조를 어느 정도는 되살려야 하지 않을까요? 고백이나 자기해석학은 제외하고 말이죠.

네, 하지만 보시다시피 제 생각에는 바로 그것이 오늘날 우리에게 가장 중요한 문제들 가운데 하나, 우리의 정치적 문제들 중 하나입니다. 전체주의 현상과 마주할 때 우선 모든 사람들은 법전 및 법률 체계로의 회귀와 인간 권리에 대한 참조가 매우 중요한 어떤 것이라는 데 의견이 일치할 수 있습니다. 하지만 [곧이어] 제 생각에는 많은 사람들이 이렇게 말하는 데 동의할 것입니다. 그러니까 지금으로서는 그것이, 뭐랄까, 하나의 전술적 수단이라고 말입니다. 그건 아마 유용할 수 있고 아마 현실적으로 가능할 수 있겠지만, 저는 통치가 사법 구조로 되돌아가는 것이 지금의 우리 문제들에 대한 해법이 될 수는 없다고 생각합니다. 하지만 헌법과 관련된 중대한 문제들, 즉 국가가 무엇이냐는 문제를 취하든, 혹은 조금 덜 중요한 문제들, 이를테면 형벌 제도들의 문제라든지, 사법 제도 내에서의 의학과 정신의학의 활용이라는 문제를 취하든 간에, 사람들을 통치하는 것이 법전이나 사법 구조만으로는 행해질 수 없다는 것을 모든 곳에서 보게 될 것이 분명합니다. 실제로 사법 구조들보다는 다른 어떤 것이 늘 훨씬 더 많이 활용되고 있습니다.[10] 예를 들어 형벌 제도들은 너무나 명백하게도, 법률과 법률의 적용이라고 상정되었고, 또 18세기는 법률과 그 법률의 적용이어야 할 뿐인 형벌 제도들과 형법을 생산하고 구성하는 것을 꿈꾸었습니다. 물론 이 꿈이 현실과 맞부딪치게 되는 것을 보면, 이내 19세기 초부터 오늘날에 이르기까지 법이나 법체계 등과는 다른 너무나 많은 것들과 더불어 형벌 체계가 작동했다는 것을 확인할 수 있습니다. 그리고 정신의학, 심리학, 여러 인간과학들, 사회학 등등이 형벌 제도에 도입되고 편입되었다는 사실이 이를 보여주고 증명합니다.[11]

사법 구조에의 단순한 전술적 의거가 우리를 그 너머로 이끌어갈 수는 없을까요? 그 덕분에 우리가 사법적인 것과 규율적인 것을 구별하게 될 수도 있지 않을까요?

질문을 제기하신 방식에 동의하구요, 우선은 저도 잘 모르겠다고 인정해야 하겠습니다. 또 몇 년쯤 전에, 이를테면 1970년대 초에 저는 그 진실되고 구체적이고 진정한 문제를 제기하고 또 백일하에 드러낼 수 있다고, 그래서 정치적 운동이 그 문제에 천착할 수 있고, 이 문제로부터 주어진 것들로부터 출발해서 뭔가 다른 것에 천착할 수 있게 되리라고 생각했었다는 것을 고백해야 하겠습니다. 하지만 잘못 생각했던 것 같아요. 그리고 오늘 약간 실망했다고 한다면 그건 제 생각에 (아마도) 모든 사람들은 아니지만 몇몇 사람들이, 그 사람들끼리도 의견이 일치하지 않음에도 불구하고, 이 문제가 실제로 존재한다고 납득했기 때문입니다. 하지만 그 누구도 어떻게 그렇게 되었는지 알지 못합니다. 그리고 제가 참으로 순진하게도 기대[12]와 희망을 걸었던 정치적 운동, 자발적인 정치적 운동은, 글쎄요, 실현되지 않았습니다.[13] 제가 순진했던 거죠.

성현상은 사적인 일이기 때문에 우리에게는 강간을 처벌할 권리가 없다고 말씀하셨다고 하던데요. 그건 어떻습니까?

좋은 질문입니다. 말씀하실 때 염두에 두신 잡지가 어떤 건지 저도 알고 있는 것 같습니다. 한 친구가 영국에서 제게, 제 생각으로는 아주 유명한 잡지에 실린 기사를 복사해서 보내주었는데, 제가 한 말을 아주 신랄하게 비판하고 있더군요. 반정신의학의 대표자인 데이비드 쿠퍼David Cooper와 토론하던 중이었는데, 그

---

12   푸코는 이 낱말(espérance)을 프랑스어로 발음한다.
13   푸코는 아마도 여기서, 사회당의 숙고를 함양하게 위해 로베르 바댕떼르Robert Badinter의 지휘 아래 1976년에 출판된 바 있는 연작, 《자유, 자유Liberté, liberté》를 독서했을 때 자기 안에서 일어났던 환멸을 암시하는 것 같다(Cf. *Liberté, libertés. Réflexions du Comité pour une charte des libertés*, Paris, Gallimard, 1976). 푸코는 1977년, 판사 노조 세미나에서 사법 기능의 발달에 대해 발언하면서 이 텍스트를 다시 다룰 텐데, 거기서 그는 사회체를 가로지르는 사법 기능들의 이동이라고 그가 부르는 바를 비판한다. Cf. "Michel Foucault à Goutelas : la redéfinition du "judiciable"," *Justice*, n° 115, juin 1987, p. 36-39. 또한 다음을 보라. D. Defert, "Chronologie," art. cit., p. 70.

토론은 말뿐인 토론이 아니라 진짜 토론이었고, 저로서는 이유를 정확히 알 수 없지만 쿠퍼와의 그 토론은 출간이 되었습니다.[14] 물론 제가 그때 말한 것, 아마도 제가 사용했던 용어들과 낱말들에 정확히 동의하지는 않을 수도 있지만, 뭐 별로 중요한 것은 아닙니다. 저는 이렇게 말했습니다. 우선 문제들을 분석하기 위해, 법률과 성이 맺는 관계들이라는 주제에 대한 여러 상이한 질문들을 분석하기 위해 전제해야 할 적절한 가설은 성과 법률이 무관하다는 가설입니다. 성은 법률과 무관한 어떤 것이고, 그 역도 마찬가지라는 가설 말입니다. 성적 구분, 성적 선호, 성적 활동이 법 체계의 문제일 수 있다는 것은, 받아들일 수 없다고 생각합니다. 어쨌든 저는 이 원리를 형법의 새로운 기초로 삼을 수 있는지 여부를 알고 싶었습니다. 이런 생각을 저는 토론 중에 말씀드렸는데 그 순간 어떤 분께서(어떤 분이었는지 기억이 잘 나지 않네요. 중요한 건 아닙니다.) 어쨌든 제가 이렇게 말하자마자, 저는 어떤 문제가 있음을 의식했는데, 그 문제가 바로 강간이었습니다.[15] 강간이 성적인 폭행이 아니라고 말하는 건 불가능하고, 어쨌든 저는 성적인 폭행이 관건이라는 사실을 고려하지 않은 채로 강간에다가 폭행에 대한 형을 선고할 수 있다고 말하는 것이 가능하리라고 생각하지는 않습니다. 강간의 사법적 정의에서 성현상을 빼놓을 수는 없다고 생각하는데, 적어도 강간의 경우에는 성현상이라는 개념을 도입해야 하고 그러므로 성이 사법 체계 내에서 고려되어야 합니다. 제가 말씀드리고 싶었던 것은, 어떤 문제가 있었다는 것이었습니다. 법률은 성과 무관한 것이지만, 다른 한편으로 강간에는

---

14   Cf. M. Foucault, "Enfermement, psychiatrie, prison(감금, 정신의학, 감옥)," entretien avec D. Cooper, J.-P. Faye, M.-O. Faye et M. Zecca, dans DE II, n° 209, p. 332-360.

15   Cf. *ibid.*, p. 351-355.

유죄 판결이 내려져야 하기 때문에 강간과 성현상을 떼어놓을 수는 없다고 생각합니다. 바로 이것이 문제입니다. 이걸 어떻게 풀어야 할까요?

많은 폭행들이 성적인 성질을 갖는 돌발 사건들을 수반합니다. 만약 선생님이 말씀하신 원리를 채택한다면 이 경우에 어떤 폭행 내에서 성적 성질을 갖는 것과 그렇지 않은 것을 어떻게 구별할 수 있을 것이며, 또 그 범인은 어떻게 다뤄야 할까요?

무슨 말인지 이해했습니다. 이 점에 대해서는 이렇게 말씀드려야 할 것 같습니다. 제가 설명하려고 시도했던 첫 번째 원리를 이용할 수는 있다고 생각합니다. 왜냐하면 범죄적 품행에서 성적 특징을 발견할 수 있다는 사실을, 글쎄요, 판사들, 법원이 왜 그것을 고려해야 하는지 저는 잘 모르겠습니다. 아마도 살인이나 강간이나, 또 제가 모르는 그런 것에 어떤 성적 동기가 있을 수 있습니다. 하지만 그런 종류의 행위들이 살인이기 때문에 혹은 강간이기 때문에 유죄 판결을 내리는 것이 우리의 형법이라면, 그 동기가 성적인 종류의 것인지 아닌지는 별로 중요하지 않습니다. 그리고 저는 적어도 프랑스의 사법 실천 내에서, 변호사들과 판사들 그리고 검사가 성적 동기를 발견하는 것이 언제나, 완전히 통제 불가능한 결과들을 발생시킨다는 사실을 알게 되었습니다. 때로 어떤 사람은, 판사들이 그에게 성적 동기가 있었다고 간주했기 때문에 매우 가혹한 유죄 판결을 받고, 또 다른 경우에는, 글쎄요, 그건 단순한 성의 문제다라거나 별로 중요하지 않다는 식으로 [말하게 됩니다]. 제 생각에 이런 것들이, 형벌 제도들 내에 성현상의 문제를 도입했을 때의 도착적 효과들 중 하나입니다. 그리고 성현상을 도입하는 이러한 방식에 대항하여 성과 법률은 무관하고 법률은 성과 무관하다고 말해야 한다고 생각합니다. 하지만 저는 여전히 강간은 성적인 폭행이고, 이러한 사실을 피해갈 수는 없으며, 적어도 강간에는 성현상의 문제를 도입해야 한다고 주장합니다. 제 말에 동의하실지는 잘 모르겠습니다. 어쨌든 이 영국 잡지는 제가 말한 걸 이해하지 못했는데, 왜냐하면 저는 강간을 성적이지 않은 폭행으로 간주해야 한다고 말하지 않았기 때문입니다. 저는 반대로 강간을 성적인 폭행으로 간주해야 한다고 말했고, 그것이 법률과 성은 무관하다고 하는 원리와 모순됨을 알고 있다고도 말씀드렸습니다.

성적인 행동을 반드시 폭행으로 간주해야 할까요? 성적인 행동은 오히려 정치적이지 않습니까?

물론 이 모든 것은 정치를 어떻게 정의하느냐에 달려 있습니다…… 만약 정치를 아주 넓은 의미로 받아들인다면, 정치를 권력관계들의 체계로서 이해한다면 그런 경우에 성적 행위들은 정치와 관련지어 바라봐야 할 어떤 것을 갖고 있습니다. 하지만 이런 의미에서의 성적 행위는 또한, 예를 들어 기호학의 체계들 및 기호학적 관계들과 관련지어 바라봐야 할 것 같습니다. 성적인 관계 혹은 성적 행위에 내포된 관계들의 모든 체계들이, 그 행위를 검토할 때 고려되어야 합니다. 그러므로 권력관계들이 있고, 기호의 관계들이 있으며, 때로는 생산의 관계들도 있습니다.

이제까지는 권력의 미시물리학이라는 관점에서 사회적 실천 및 제도들의 계보를 기술하셨습니다. 이제는 다른 관점들에 입각해 자기의 계보를 기술하시는 것 같습니다. 단지 선생님께서 다루는 주제가 새로워졌을 뿐인가요, 아니면 접근 방식이 변화한 것인가요? 접근 방식이 변화했다면 어떤 점에서 변화했을까요?

글쎄요, 부분적으로는 동의하는데, 이건 아마 답변이 되지 않겠죠. 질문하신 데 대한 답변이 아니라면 말씀해주세요. 아시겠지만 제가 권력의 문제를 [다루기] 시작했을 때 이 주제에 대해 헛소리를 잔뜩 늘어놓았다고 확신하긴 하지만, 사람들이 제가 한 말보다 훨씬 더 많은 이상한 소리들을 제가 한 것으로 간주했던 것도 같습니다. 제게 권력이라는 건 실체, 유체流體, 형이상학적 심급 혹은 그런 유의 어떤 것이 아닙니다. 저는, 권력이 관계들로, 사람들 사이의 힘의 관계들로 이루어져 있다고 생각합니다. 하지만 두 번째 점은 이 관계들이 힘의 순수하고 단순한 관계들로만 이루어져 있지는 않다는 것입니다. 이 관계들은 몇몇 원리들에 따라, 일정한 테크닉들, 일정한 대상들, 일정한 전술들 등에 의해 조직되어 있습니다. 세 번째 점은, 주어진 한 사회 내에서 이 권력관계들은, 균질하게 분배되거나 되는 대로 분배되는 것이 아닙니다. 어떤 사람들에게는 타자들에게 작용을 가할 수 있는 가능성을 부여하고, 또 어떤 사람들에게는 전자들과 동일한 가능성을 부여하지 않는 일종의 불균형의 경향을 띠고 그런 불균형에 의해 조직된다고 말할 수 있을 것입니다. 이 불균형은 전자의 전술적 상황 혹은 전략적 상황이 후자의 그것들과 동일하지 않은 데서 기인하고, 이 불균형을 저는 '통치'라고 부르겠습니다. 사회들 내에는 통치의 여러 지점들 혹은 여러 영역들, 여러 구배,[16] 여러 벽

---

16   미셸 푸코는 이 낱말(gradients)을 프랑스어로 발음한다.

터[17]가 있습니다. 여성은 남성에 의해 통치되고, 어린이는 부모에 의해 통치되며, 학생들은 선생들에 의해 통치되는 등. 그리고 국민은 정부에 의해 통치됩니다. 하지만 정치적 통치는, 주어진 한 사회에서 발견할 수 있는 통치의 수많은 심급들 중 하나, 통치의 테크닉들 중 하나, 통치의 제도들 중 하나에 불과합니다. 그리고 현재 제 문제는, 한 사회 내에서 사람들 사이에는 언제나 힘의 관계들이 있음에도 불구하고, 또 바로 그 덕분에 어떤 사람들이 다른 사람들의 삶을 지휘할 수 있도록 허용하는, 그런 테크닉으로 이해되는 통치가 무엇인지를 분석하는 것입니다. 바로 이 힘들의 관계의 비대칭을 통치라 부를 수 있다고 혹은 통치를 가능하게 하는 힘들의 불균형이라고 〔말할 수 있다고〕 생각합니다. 이해가 되시죠? 그래서 지금 제 문제는 권력관계들이 아닌 통치를 분석하는 것입니다.[18] 통치는 힘의 순수한 관계도 아니고 순수한 지배도 아니며 순수한 폭력도 아닙니다. 지배라는 관념 그 자체만으로 이 모든 현상을 설명하거나 포괄하는 데 충분하거나 적합하다고 생각하지 않습니다. 그리고 그 이유들 중 하나는, 통치 안에, 통치한다는 사실 안에 그저 힘들만 있는 것이 아니라, 혹은 한쪽에 다른 한쪽보다 더 많은 힘들이 있는 것이 아니라, 언제나 피통치자들 안에 그 피통치자들이 타인들에 의해 통치받도록 하는 구조가 있기 때문입니다. 문제는 지배의 구조와 자기의 구조 혹은 자기 테크닉이라고 부를 수 있을 그것을 통해 통치자들과 피통치자

---

17   미셸 푸코는 이 낱말(vecteurs)을 프랑스어로 발음한다.

18   Cf. GV, p. 13-14 : "지난 두 해 동안의 강의에서 저는 〔……〕 권력 개념보다 훨씬 더 수행적인 이 통치 개념을 좀 소묘하려고 시도했습니다. 물론 좁은 의미에서, 국가 체계들 내에서 집행되는 행정적 결정들의 최고 심급의 실재라는 의미에서 이해된 "통치"가 아니라, 넓은 의미에서, 게다가 오래된 의미에서, 인간들을 인도하고, 인간들의 품행을 지도하며, 인간들의 품행을 인도하기 위한 메커니즘들과 절차들이라는 의미에서 "통치" 말입니다.

들 간의 이러한 관계를 분석하는 것입니다.[19] 이해하시겠습니까?
질문하신 데 대한 답변이 되었을까요?

선생님께서는 입헌 헌정의 실패를 전체주의의 출현 탓으로 돌리시는데요. 입헌 헌정의 실패는 오히려 교의에 대한 복종의 원칙들과 연결된 내면화 테크닉들의 존속으로부터 오는 건 아닐까요? 그리고 이런의미에서 사법의 시대가 저무는 것은 전체주의의 출현이 아닌 그 지속에 의한 건 아닐까요?

전체주의의 지속에 의한 것이라고요? 말씀하시는 걸 정확히 이해하지 못하겠습니다. 아니면 제시하신 논거나 분석에 동의할 수 없을 것 같습니다. 하지만 어쨌든 사법 구조들의 붕괴, 그쇠락[20]에는 아주 많은 이유들이 있습니다. 물론 사법 구조들의 붕괴가 전체주의의 탄생 때문은 아닙니다. 전체주의는 사람들이 통치받는 방식 내에서 사법 구조들이 해리된 결과일 뿐, 전체주의가 단지 사법 구조들의 지속이기만 한 것은 아닙니다.

선생님의 작업이 데카르트와 더불어 태어난 근대 주체 철학에 대항하는 쪽으로 향했다고 서두에서 말씀하셨습니다. 데카르트로부터 물려받은 자기 개념을 청산하는 데 왜 자기해석학까지 없애버려야 한다고생각하십니까?

---

19 "전략적 관계들"과 "통치 테크닉들" 그리고 "지배 상태들"의 구별에 대해서, 또 이러한 틀 내에서 "자기와 자기와의 관계"가 맡는 자리의 설명에 대해서는 다음을 보라. Cf. M. Foucault "L'éthique du souci de soi comme pratique de la liberté," entretien cit., p. 1547-1548.
20 미셸 푸코는 이 낱말(crépuscule)을 프랑스어로 발음한다.

아뇨, 그렇게 생각하지는 않습니다. 그래요, 사실 제 문제는, 제 생각에, 전후 세대 사람들 대부분의 문제, 그러니까 주체 철학을 제거하는 문제였습니다. 제가 선택한 길, 물론 제가 그 길을 발명한 건 아닙니다. 그것은 하나의 전통입니다. 적어도 니체로부터 시작된, 어쩌면 헤겔로부터 시작된 전통입니다. (하지만) 그건 다른 문제입니다. 데카르트는 이 역사 속에서 아주 중요한 어떤 계기입니다. 저는 데카르트가 그리스도교의 영적 테크닉들을, 그 테크닉들이 해왔던 일과는 근본적으로 다른 어떤 일을 하는 데 사용했던 최초의 철학자라고 생각합니다. 저는 데카르트가 그 테크닉들과 더불어 하나의 철학적 담론을 창설했다고 말하고 싶습니다. 달리 말해, 중세의 전통에서 철학은 그리스도교 철학, 혹은 가톨릭 철학이었지만, 중세의 철학은, 명상이나 자기 점검의 형태를, 그리스도교 혹은 가톨릭의 전통 내에 존재했던 이런 영적 실천들의 형태를 결코 취한 적이 없었습니다. 그 철학적 담론은 심지어 그리스도교 전통의 형태와 다른 형태를 갖고 있었습니다. 데카르트와 더불어 우리는 처음으로 철학적 명상[21]을 발견할 수 있습니다. 스피노자도 있지만 그건 또 다른 문제입니다. 철학적 명상은 철학적 담론, 철학적 인식을 창설하는 데 영적 테크닉들을 사용하고자 하는 기획입니다. 그에 대한 문화적 이유, 역사적 이유는 꽤나 분명합니다. 종교개혁 이후, 그리고 반종교개혁 이후의 가톨릭 국가들에서 이러한 영적 테크닉들의 확산은 아주 중요했습니다. 그래서 이러한 영적 테크닉들의 황금시대는 중세가 아니라 17세기입니다. 이렇게 해서 데카르트가 이 방법을 사용하게 됩니다. 제 생각에 중요한 것은 이렇게 철학을 시작하는 방

---

21   미셸 푸코는 이 낱말들(méditation philosophique)을 프랑스어로 발음한다.

법과 더불어 데카르트는 당연하게도 자기 자신에 관한 착각이라는 문제에 직면했다는 사실입니다. 내가 생각하고 있는 것이 진실이라고 생각할 때, 나 자신에게 속아 넘어가거나, 혹은 내 안의 누군가에게 속아 넘어가는 것은 아닐까라는 이 문제는 데카르트가 발명한 것이 아닙니다. 이 문제는 철학적 가정이 아닙니다. 데카르트에게 이런 종류의 의심을 침투시킨 것은 철학의 급진성이 아닙니다. 이 문제는 그리스도교 영성의 가장 오래된 전통인 것입니다. 그리스도교 영성에서, 영혼에 떠오르는 모든 것에 관한 첫 번째 의심은 이렇습니다. 내 안에, 내가 아는 동시에 알지 못하는 누군가가 있는 것은 아닐까 그리고 내가 의식하지는 못하지만 그것이 존재한다는 것을 아주 잘 알고 있는 누군가, 즉 악마가 나로 하여금 그런 관념을 떠올리도록 하고, 사실은 그렇지 않은 데도 불구하고 어떤 것이 옳거나 명백하다고 생각하게 만드는 것은 아닐까? 데카르트는 역사상 처음으로 영적 테크닉과 진실의 철학적 정초를 분할한 것이 틀림없습니다. 바로 이런 까닭에 그는 다시 한 번, 전혀 철학적이지 않은 가정, 전통적인 영성의 문제인 악령[22]을 말하게 되는 것입니다. 그리고 그는 철학적 관점에서 보면 내 안에 악마가 있어서 나를 속일지라도 명증성은 거기에 있다는 등등의 말을 합니다.[23] 그리고 이 명증성이라는 규칙에 따라 데카르트는 영적 자기 점검의 도구를 사용할 수 있게 됩니다. 자, 내 영혼 안에서 일어나는 일을 살펴보자, 내 생각 속에서 일어나는 일을 살펴보고, 관찰하고, 탐색해보자, 그렇게 해서 내가 발견하게 될 것은 나 자신이나 유혹이나 기만자 등이 아닐 것이다, 내

---

22   미셸 푸코는 이 낱말들(malin génie)을 프랑스어로 발음한다.
23   이 점에 대해 상세한 설명은 다음을 참조하라. Cf. GV, p. 297-298 et MFDV, p. 167-168.

가 발견할 수 있는 것은 명증성, 진실, 그리고 〔영혼의-옮긴이〕 바깥 세계에서도 타당한 진실이다. 그리고 이렇게 해서 데카르트는 영적 테크닉들에 혁명을 일으킵니다. 요컨대 이 모든 테크닉들이 영혼의 심층에서 일어난 일의 문제 쪽을 향하게 되는 것입니다. 〔이 때 그는〕 과학적 인식의 토대, 바깥 세계에도 타당한 과학적 인식의 토대를 발견하기 위해 이 테크닉들을 사용하고, 《성찰》의 끝부분, 여섯 번째 명상에서 그것을 발견합니다.[24] 왜 이걸 설명하고 있는지 잘 모르겠군요…… 질문에 대한 답변이 될까요? 좀 아닌 것 같다구요? 아 네, 데카르트에 관해 말씀드렸습니다.

데카르트적 자기라는 문제를 극복하기 위해 왜 꼭 자기해석학을 파괴해야 하는지, 정확히 설명해주지 않으셨습니다. 실제로 선생님의 의도는 오히려 자기해석학을 위해서 자기해석학을 약화시켜야 한다는 것 아닌가요?

네, 보시다시피 문제는, 데카르트와 더불어 시작된 주체 철

---

24   푸코는 1981-1982년 콜레주드프랑스 강의 첫 시간에 이러한 데카르트 해석을 다시 취하여 다시 정교화한다. 거기서 푸코는 "철학"과 "영성" 간의 구별을 추적하며, "데카르트적 계기"를 〔푸코의 시기 구분에 따른-옮긴이〕 "근대 시대" 안에 집어넣음으로써, 그것을 진실의 역사에서 단절을 나타내는 아주 복잡한 사건으로 정의한다. 그 계기부터는 "진실에 접근할 수 있게 하는 것은 인식 그 자체이며 오직 인식"이다. Cf. HS, 《주체의 해석학》, 57-63쪽(p. 15-20). 그렇지만 이 맥락에서 "영성"이라는 용어는 그리스도교의 "영적" 테크닉들을 가리키는 것이 아니라, 피에르 아도가 정의했던 "영적 실천"과 같은 것을 가리킨다는 점에 유의해야 한다(*Cf.* P. Hadot, "Exercices spirituels", art. cit.〔해당 논고는 *Exercices spirituels et philosophie antique*에 재수록되어 있다〕). 2년 후 푸코는 데카르트에 대한 그의 입장을 미묘하게 바꾼다. 《성찰》이 철학으로 하여금 어떤 특정한 존재 양식에 접근할 수 있도록 해준다는 점에서, 비록 그것이 "전적으로 인식에 의해 정의되는" 존재 양식이라는 차이는 있지만, 〔어쨌든 어떤 존재 양식에 접근할 수 있도록 해준다는 점에서-옮긴이〕 《성찰》은 ('자기 실천'이라는 의미에서의) "영적" 기획이라고 명확히 하는 것이다. 데카르트의 《성찰》은 이렇게 "영성의 기능들을 과학성의 토대라는 이상理想에" 겹쳐놓는 전대미문의 방식을 실행한다. Cf. M. Foucault, "L'éthique du souci de soi comme pratique de la liberté," entretien cit., p. 1541-1542. 또한 다음을 보라. M. Foucault, "À propos de la généalogie de l'éthique: un aperçu du travail en cours(윤리의 계보에 관하여: 현재 진행 중인 작업의 일별)," entretien avec H. Dreyfus et P. Rabinow, dans DE II, n° 326, p. 1229-1230.

학을 청산하고 자기 테크놀로지들이라는 관점에서 주체의 계보학을 시도해보는 것이었습니다. 데카르트가 중요한 이유는, 그가 철학적 담론을 창설하기 위해 이 자기 테크놀로지들을 이용했기 때문입니다. 하지만 데카르트적으로 가게 되면, 우리에게는 이 자기해석학의 한 가지 용법밖에 남지 않습니다. 그리고 자기해석학의 문제는 데카르트의 문제보다 훨씬 더 넓은 문제입니다. 그렇지 않습니까?

그 점에 대해서는 동의합니다. 하지만 왜 선생님께서는 데카르트적 자기 개념을 없애버리기 위해 자기해석학 일반까지 없애버리고 싶어 하시느냐는 겁니다.

지난번에 제가 말씀드린 것이 명확하지 못했다는 것은 잘 알고 있습니다. 제 생각은, 자기해석학은 그리스도교가 시작되던 때에, 자기희생의 의무와 연결되어 있던 아주 복잡한 절차 가운데 발명되었거나 구성되었다는 것입니다. 그리고 서구 문화의 거대한 시도들 가운데 하나는 이 자기해석학을, 자기희생의 의무를 지지 않는 자기해석학을, 구출하고 사용하고 지속시키는 것이었다고 생각합니다. 이렇게 해서 문제는 지금 이렇습니다. 과연 우리는 자기해석학의 확실한 토대를, 자기희생을 대체할 만한 토대를 발견했는가? 그렇지 않다고 답할 수 있을 것 같군요. 적어도 르네상스의 인본주의 시대부터 지금까지, 우리는 시도했지만 발견하지 못했습니다. 우린 이제 뭘 할 수 있을까요? 자기해석학의 진정한 역사적 토대로서의 자기희생을 재검토할까요? 그게 가능할지 잘 모르겠고, 그게 바람직한[25]지도 잘 모르겠습니다. 그리고 아마도 문제는 이렇게 될 겁니다. 이 자기해석학은 〔……〕* 그것은 오늘날의 사람들이 통치받는 방식, 혹은 그들이 스스로를 통치하는 방식에 필요불가결합니다.[26] 그러므로 이제 문제는 이렇습니다. 우리가 통치받는 방식과 연관된 해석학의 필요성, 이 필요성이, 이렇게 말할 수밖에 없겠는데, 굳이 그렇게나 필요할까요? 어떤 상호 지지[27] 같은 것이 있다는 느낌이 듭니다. 요컨대 우리가 통치받는 방식은 자신을 정당화하기 위해 자기해석학이나 여러 인간과학 등등에 의거하려 하고, 이러한 여러 자기해석학들은 결국 적절한 정치적 기능과 적절한 제도 등등에 의거하는 것입니다. 이 모든 것이 너무나 일반적이고 추상적이어서 명확하지 않다고 여기실 수 있습니다. 하지만 예를 들어 교육 제도들의 기능 방식을 생각해보면, 교육학이 제도화되는 방식이 어떻게 심리학, 아동심리학, 기타 등등의 심리학에 의거해 자신을 정당화시키는지를 아주 잘 알 수 있고, 여러 심리학들은, 만약 성공하게 되면 그 심리학들로서 어린이들의 통치가 가능할 수 있었기 때문에, 그 사실로서 통합되거나 정당화되는 것입니다. 이해가 되십니까?

우리가 세계와 우리 자신에 관해 배울 수 있는 어떤 것을 우리 교육 제도들의 근간으로 삼아야 한다는 것에 이의를 제기하시는 겁니까? 인간 존재에 관한 인식들을 습득하고자 하는 모든 시도들을 문제 삼으

---

25   미셸 푸코는 이 낱말(souhaitable)을 프랑스어로 발음한다.

*   녹음 중단

26   Cf. GV, p. 73-74. "제가 다시 한 번 제기하고자 하는 문제는 다음과 같습니다. 우리(서구-옮긴이) 사회에서 권력이, 현시되어야 할 진실 없이 행사될 수 없다는 것은 어찌된 일인가? 주체성의 형태 내에서 현시되어야 할 진실이 없다면, 다른 한편으로 주체성의 형태 내에서 진실이 이렇게 현시되는 것을, 인식의 질서 너머에서 각자와 모두를 위한 구원과 해방의 질서라는 효과들의 형태 내에서 진실이 이렇게 현시되는 것을 기다리지 않고는 권력이 행사될 수 없다는 것은 어찌된 일인가? 제가 올해 접근하고자 하는 주제들(은) 일반적으로 다음과 같습니다. 우리(서구-옮긴이) 문화에서 인간들의 통치와, 주체성의 형태 및 모두와 각자의 구원이라는 형태 내에서의 진실의 현시가 맺는 관계들은 어떻게 자리매김되는가?"

27   미셸 푸코는 이 낱말들(un appui réciproque)을 프랑스어로 발음한다.

시는 겁니까, 아니면 심리학적 방식만을 문제 삼으시는 겁니까?

제가 문제 삼으려는 것은, 어린이들을 통치하는 우리의 방식을 정당화하기 위해 어린이들에 관한 과학적 인식을 구축할 의무를 우리가 지고 있다는 사실 혹은 그런 의무를 지고 있다고 믿는다는 사실입니다. 제가 문제 삼는 건 이것이지, 인식의 내용이 아닙니다.

어린이들의 통치에 적합한 인식들을 습득하는 것이 불가능하다고 말씀하시고 싶으신 겁니까, 아니면 단지 여러 인간과학이 그것들을 습득하는 방식을 문제 삼으시는 겁니까?

우리가 아동심리학과 관련해 배우는 것은 필연적으로 우리가 원하는 어린이 통치 방식에 적합할 수밖에 없습니다. 우리가 아동심리학에 대한 인식을 필요로 하는 것은 우리가 어린이들을 통치하고 싶어 하기 때문에 그렇습니다. 통치하려는 의지와 알려는 의지 간에는 어떤 구성적 관계가 있고, 이 모든 관계들은, 너무 도식적으로 말씀드리는 것이긴 하지만, 아주 복잡하며 또 통치 테크닉들과 지식의 절차들의 교차점을 구성합니다.

어린이들에 대해 피아제Piaget가 전개한 바 있는 그런 인식의 지위는 어떤 것일까요? 그 인식이 규율=훈육을 목적으로 사용되는데도, 그 인식을 과학적 인식으로 간주할 수 있을까요?

그런 종류의 인식의 객관성에 대해 제가 어떻게 생각하는지를 물으시는 건가요? 글쎄요, 그 인식이 자신의 실존 속에서,

자신의 역사적 기원 속에서, 자신의 사회적이고 문화적인 실존 속에서 심층적이고 구성적으로 어떤 통치 테크닉과 연결되어 있다는 사실이 그 인식이 객관적이라는 것을 선험적으로 배제하지는 않는다고 생각합니다. 왜 그 인식을 배제해야 하는지도 잘 모르겠고요. 만약 우리가, 인식 관계가 존재하니까 다른 모든 유형의 관계들은 사라지고 또 사라져야 한다는 것을 받아들인다면 그걸 배제해야겠죠. 절대적으로 순수하지 않으면 인식 관계는 존재할 수 없다는 것을 받아들이는 것은 모든 인식 철학의 주장이라고 생각합니다. 하지만 저는 이 인식 철학에 이의를 제기해야 한다고 생각합니다. 왜 인식은, 그것이 권력관계들과 통치 테크닉들 등등에 역사적으로 연결되어 있다는 이유로, 객관적인 것이될 수 없을까요? 정말 왜 그런 건지, 당최 이유를 모르겠습니다. 저는 〔오히려〕 특정 유형의 철학, 특정 유형의 '역사' 철학과 인식 철학에 문제가 있다고 봅니다.

피아제의 작업이 일종의 자기해석학이라고 보십니까?

네, 물론이죠, 만약 '자기해석학'이라는 표현에 어떤 넓은 역사적 외연을 부여한다면 말입니다.

선생님이 보시기에 더 나은 예시가 될 만한 작업을 한 사람이 있을까요?

그렇지만 보시다시피, 제가 자기해석학이라고 말할 때 저는, 좋은 유형의 인간과학들에 대립할 수도 있는 나쁜 유형의 인간과학들을 생각하는 것이 아닙니다. 저는 모든 인간과학들의 역사적 틀이 자기해석학의 기획이었다고 말씀드리는 것입니다. 예를 들어 삶의 규칙들,[28] 즉 삶의 양식에 그토록 골몰하던 그리스 철학에서는 철학자들이 수 세기 동안이나 사람들에게 어떻게 처신해야 하는지에 대해 말해왔는데, 왜 인간과학과 같은 것이 필요하다는 생각은 결코 하지 않았을까요? 인간과학과 같은 어떤 것이 필요하다는 생각은 그리스도교와 더불어 시작되었다고 생각합니다. 성서만이 아니라 자기까지도 해석의 대상이 된 그 순간부터 말이죠.

근대 문학에서 일어나는 일(서술적 담론의 전복, 주체의 해체)을 자기해석학 제거를 위한 시도의 반영으로 간주해도 되겠습니까?

아주 좋은 질문입니다. 아주 중요하고 또 아주 어려운 질문이기도 하고요. 우선 제 생각에는 자기해석학이 어떤 유형의 글쓰기écriture를, 예를 들어 몽테뉴와 더불어 시작된 유형의 글쓰기를 출현시킨 순간, 근대 문학이 첫발을 내딛었다고 말할 수 있을 것 같습니다. 서사시와 희곡의 쇠퇴 그리고 몽테뉴와 몇몇 사람들로 대표되는 유형의 문학의 시작은, 이전까지는 순수하게 종교적인 실천이었던 자기해석학이 만인에게 열리게 된 그 순간, 만인과 접촉하는 지점입니다. 이것은 종교적 경험이 쇠퇴한 결과가 아니라, 종교적 경험이 확장된 결과였던 것입니다. 루터와 반종교개혁이 근대 문학의 뿌리에 있는 까닭은 근대 문학이 자기해석학의 전개에 다름 아니기 때문입니다.

미셸 푸코는 이 낱말(les règles de vie)을 프랑스어로 발음한다.

제 질문은 그보다는 현대 문학에 관한 것이었습니다……

제 생각엔 근대 문학에 문제도 있습니다. 근대 문학에는 자기해석학의 가장 중요한 특징들 중 하나와 유사한 것이 있다고 생각합니다. 그것은 바로 자기해석학과 자기희생 간의 관계입니다. 왜냐하면 문학은 어떤 면에서는 자기희생이기 때문이고, 혹은 자기희생인 동시에 다른 사물의 질서 속으로, 다른 시간 속으로, 다른 빛 아래로, 등등, 거기로 자기를 옮겨 놓는 것이기 때문입니다. 그러므로 근대의 작가는 어떤 의미에서는 그리스도교 최초 수덕자[29]나 그리스도교 최초 순교자에 가깝고 그에 연결되어 있으며 그와 닮았습니다. 물론 제가 이렇게 말하는 건 좀 심하게 비꼬는[30] 것이긴 합니다. 하지만 자기해석학과 자기 소멸, 희생, 자기 부정 간의 관계들에 관한 동일한 문제는 근대 세계에서 문학적 경험의 핵이라고 생각합니다.

자기해석학의 기원을 왜 플라톤에서 찾지 않고 그리스도교에서 찾으시나요?

저는 플라톤에게서 자기해석학을 찾을 수 없다고 생각합니다. 영혼에 관한 이론은 있지만 자기해석학은 없습니다. 플라톤에게서는 자기 점검이나 사유의 흐름들 등 점검과 닮은 그 어떤 것도 결코 찾을 수 없습니다. 플라톤의 문제는 진실을 향한 영혼의 상승인데, 이것은 영혼의 심층부에서 진실을 발견하는 것이 아닙

---

29   미셸 푸코는 이 낱말(ascète)을 프랑스어로 발음한다.
30   미셸 푸코는 이 낱말(pointe d'ironie)을 프랑스어로 발음한다.

니다.[31] 그리고 예를 들어 〔플라톤의-옮긴이〕 자기 인식gnôthi seauton에 대해 아주 도식적으로 말씀드릴 텐데, 이러한 분석에 따르면 자기 인식은 자기해석학과 아무런 관계도 없습니다. 〔플라톤의-옮긴이〕 자기 인식에서 데카르트〔의 자기 인식-옮긴이〕에 이르는 전통적인 철학적 인식의 역사는 제가 보기엔 앞뒤가 안 맞고,[32] 그 역사는 그리스도교, 그리스도교적 영성과 더불어 등장하는 특유의 혁신들을 무시하고 있습니다.[33] 그리고 그리스도교적 영성은 그리스도교와 동일한 것이 아닙니다. 그러니까 그리스도교는 그리스도와 더불어 시작되지만, 그리스도교적 영성은 성 파코미우스, 성 안토니우스, 성 히에로니무스(성 제롬), 성 아나타시우스, 성 아우구스티누스와 더불어, 5세기에 시작되는 것입니다.

자기 점검이라는 주제는 헤라클레이토스에게서 이미 나타나는 것 같은데요, 그가 남긴 단편들 중 하나에서 "나는 나 자신을 찾고 있다"[34]고 말하거든요. 왜 선생님께서는 그리스도교에는 그렇게 많은 중요성을 부여하시면서 그리스 전통에는 거의 중요성을 부여하지 않으시는 건가요?

그리스 전통에서 존재로서의 자기라는 문제는 무척 중요했

---

31   Cf. 《주체의 해석학》, 113-115쪽〔HS, p. 75-76〕; CV, p. 147, 227. 또한 다음을 보라. M. Foucault, "À propos de la généalogie de l'éthique," entretien cit., p. 1226. 여기서 푸코는, 플라톤에게서 자기 자신에 대한 관조는 "심리학적인 관조가 아니라 존재론적인 관조의 형태"를 취하고, 자기 자신에 대한 인식은 "영혼의 존재 양식에 대한 존재론적 인식의 획득"을 의미하는 것으로, 그러므로 의식 점검의 실천은 전혀 필요하지 않을 것이라고 명확히 설명한다.

32   미셸 푸코는 이 낱말(un contresens)을 프랑스어로 발음한다.

33   이 점에 대한 더 상세한 설명은 다음을 보라. Cf. GV, p. 224; MFDV, p. 114.

34   Héraclite, Fragment CI "나는 나 자신을 탐구했다(edizêsamên emeôuton)," dans Les Présocratiques, trad. fr. J.-P. Dumont, "Bibliothèque de la Pléiade," Paris, Gallimard, 1988, p. 169〔《소크라테스 이전 철학자들의 단편 선집》, 235쪽〕.

지만 대상으로서의 자기라는 문제는 그렇지 않았습니다. 자기를 인식의 대상으로 간주할 수 있게 하는 테크닉들은 자기를 존재로서 인식하거나 현시하는 것만큼의 중요성을 갖지 않았습니다. 예를 들어 그리스도교의 초기 참회 의식들에서, 요컨대 엑소몰로게시스에서 저를 충격적으로 사로잡았던 것은, 거기서 참회자에게 문제가 되는 것이, 자신의 죄들이 정말로 무엇인지를 아는 것도, 자신의 죄들이 무엇인지를 다른 사람들에게 설명하는 것도 전혀 아니었다는 사실입니다. 중요한 것은 단지 죄인으로서의 자기 존재를 드러내는 것입니다. 그리스 전통에서는, 그리스 사회에서 탄원자는 탄원자인 자기 존재를 드러냅니다. 그는 추방되었고, 희망을 갖습니다…… 혹은 오이디푸스는 비극의 대단원에 이르러 궁전 문 앞에 나타나고, 궁전 문들이 열려 있어 모두가 그를 볼 수 있습니다. 오이디푸스는 궁전 앞에 도착해, 자기 아비의 살해자로서, 자기 어미의 남편으로서 자신의 모습을 드러냅니다. 말하자면 이것은 일종의 엑소몰로게시스이지만 대상으로서의 자기를 구성하는 것과는 비슷한 구석이 전혀 없습니다.[35] 플라톤에게서나 헤라클레이토스에게서는 대상으로서의 자기를 구성하는 것과 같은 어떤 것도 결코 발견할 수 없습니다. 그렇다고 해서 자기의 존재라는 문제가 중요하지 않다는 것을 의미하지는 않습니다. 이해가 되시나요? 확신할 수는 없지만, 〔제가 지향하는〕 방향을 이해하실 수도 있을 것입니다.

---

35 1980년 10월 24일 허버트 드레퓌스Hubert Dreyfus와의 대담 때에 푸코는, "호위슨 강연"과 거기서의 토론에서 다루었던 몇몇 점들을 재론한다. 푸코는 이번에는 다음과 같이 명확히 한다. "제가 〔자기해석학으로〕 이해하는 바는 인간 존재의 인식을 위한 해석학이라는 순수한 용례보다 훨씬 더 광범위한 어떤 것입니다. 저는 〔그것을〕 주체로서의 인간 존재, 혹은 자신의 주체성 내에서 자기 자신에게 인식의 대상일 수 있는 것으로 이해합니다." Cf. M. Foucault, *Discussion about books*, conversation cit.

제 질문은 방법론적인 성질의 것입니다. 과거의 작업들에서 선생님은 역사적 불연속을 참 많이 강조하시곤 했는데, 이제는 그리스도교 초기부터의 연속성을 강조하시는 것처럼 보입니다. 역사적 실천들의 연속성 혹은 불연속성이라는 선생님의 개념에 변화가 생긴 것인가요, 아니면 그냥 다른 주제를 다루시기 때문에 그런 건가요?

아마도 세 번째 이유 때문이겠죠. 보시다시피 19세기초부터 서구 철학의 가장 중요한 문제들 가운데 하나는 바로 이런 것이었습니다. "계몽이란 무엇인가?"[36] 16세기부터 18세기까지 일어났던 바에 관한 문제, 어떤 특정 합리성, 어떤 특정 지식, 혹은 사회와 합리성 간의 어떤 관계 등등의 구축과 관련된 문제, 이 모든 것들은 중대한 철학적 문제들 중 하나였습니다. 19세기부터는 철학자가 되는 두 가지 방식이 있다고 생각합니다. "진리란 무엇인가?"라는 오래된 물음을 제기하거나 "계몽이란 무엇인가?"라는 새로운 물음을 제기하는 두 가지 방식 말입니다. 이 두 물음 간에는 차이들만 있는 것이 아니라 심층적인 관계들도 있는데, "진리란 무엇인가?"라는 물음을 던질 수 있기 위해서는 "그 질문에 답하기 위해 우리가 실제로 사용하는 이런 유형의 합리성은 무엇인가?"라고 묻지 않을 수 없기 때문입니다. 그리고 물론 "계몽이

---

36   푸코는 1978년, 특히 《비판이란 무엇인가?》라는 강연에서 계몽Aufklärung 개념을, 엄밀한 의미에서의 철학적 쟁점으로 주제화하기 시작한다. 조르주 캉길렘Georges Canguilhem의 《정상적인 것과 병리적인 것》 영역판 서문의 구절에서처럼 말이다. Cf. M. Foucault "Qu'est-ce que la critique? (Critique et *Aufklärung*)," *Bulletin de la Société française de Philosophie*, vol. 84, n° 2, avril-juin 1990, p. 35-63 ; "Introduction par Michel Foucault," dans DE II, n° 219, p. 431-433. 게다가 그는 1982-1983년 콜레주드프랑스 강의 첫 시간을 이 질문에 할애하는데, 이것이 발췌되어 1984년 *Le Magazine Littéraire*에 실리게 될 것이고, 같은 해 출간되는 그 유명한 *The Foucault Reader*에도 실리게 될 것이다. Cf. 〈계몽이란 무엇인가? 〉, 《자유를 향한 참을 수 없는 열망》, 정일준 편역, 새물결, 1999[GSA, p. 3-39; "What is Enlightenment?"); 〈혁명이란 무엇인가?〉, 《자유를 향한 참을 수 없는 열망》("Qu'est-ce que les Lumières?" art. cit).

란 무엇인가?"라는 물음에 답할 수 있으려면 "이 진리는 무엇이고, 계몽과 같은 어떤 것을 가능하게 한 이 진리의 역사성은 무엇인가?"라는 물음에 또한 답하지 않을 수 없습니다. 첫 번째 강연인지 두 번째 강연인지 모르겠는데 강연이 끝난 후에, 불신 때문에 그러셨던 건지는 잘 모르겠지만 뭐 중요한 것은 아니고, 어떤 분이 제게 이렇게 물으시더군요. "당신은 철학자입니까?" 하지만 저도 전혀 모르겠더라고요. 아마 전 철학자가 아닌가 봅니다. 어쨌든 제가 끊임없이 전념했던 물음은 어떤 철학적 물음, 즉 "계몽이란 무엇인가?"라는 물음이었다고 생각합니다. 하지만 이 질문을 저는 아주 구체적인 역사적 문제들을 통해 분석하고자 했고, 바로 그런 까닭에 저는 언제나 16세기부터 19세기 초까지의 이 시기를 연구했던 것입니다. 저의 모든 책들은 이 질문에 답하려는 시도였습니다.[37] 그러고 나서 저는, 적어도 이 성현상이라는 주제에 있어서는 더 뒤로 거슬러 올라가야 했습니다. 또한 두 번의 중대한 철학적 계기들이 있다고 말할 수 있습니다. 소크라테스 이전 철학자들의 계기와 계몽의 계기 말입니다. 그리고 하이데거주의자들이 소크라테스 이전 철학자들의 계기를 검토하는 방식과 막스 베버주의자들이 계몽이라는 계기를 분석하는 방식을 비교해보면 아주 흥미로울 것입니다. 그리고 이제 저는 이 두 계기 사이에 위치했던 세 번째 계기가 있지는 않았을까 생각합니다. 소크라테스 이전 철학자들의 계기에는 없었던 듯하고, 계몽이 시작되

---

37   Cf. 〈혁명이란 무엇인가?〉, 《자유를 향한 참을 수 없는 열망》, 175쪽(M. Foucault, "Qu'est-ce que les Lumières?" art. cit., p. 1506-1507): "우리가 실제로 맞닥뜨렸던 철학적 선택은 다음과 같은 것이다. 즉 일반적 진리를 분석하는 철학으로 제시될 비판 철학을 선택할 수도 있고, 아니면 우리 자신에 대한 존재론, 현실태에 대한 존재론의 형태를 띠게 될 비판적 사유를 선택할 수도 있다. 헤겔에서 니체, 막스 베버를 거쳐 프랑크푸르트학파에 이르는 이 후자의 철학 형태는 하나의 성찰 방식을 확립했으며, 내가 시도한 연구도 그러한 성찰 방식 안에 놓여 있다."

던 때에는 이미 구성되어 있었던 듯한 그 어떤 것은 바로 4-5세기 교부의 계기일 것입니다. 이 계기는 제가 자기해석학, 서구적 자기의 시작이라 부르는 바의 구축입니다. 그것은 존재의 소멸과도 다르고 근대적 합리성의 시작과도 다른 것입니다.[38] 이해하시겠습니까?

　　작년에 스탠퍼드[39]에서 말씀하셨던, 근대 국가의 도래 및 사목적 통치와, 이 자기 테크놀로지들 간에 어떤 관계가 있다면, 그건 어떤 것일까요?

　　그 강연에 참석하셨던가요? 답변을 조율하기 위해 여쭤보는 것뿐입니다. 저는 그 관계가 너무나 확실하다고 생각했습니다. 스탠퍼드에서의 강연들에서 저는 우리가 통치라 부를 수 있는 것, 그러나 단지 도시나 국가 등과 같은 집단에 대한 통치만이 아니라 개인에 대한 통치라고 하는 아주 특수한 유형의 통치를 분석하려 했고, 또한 우리 사회에서는 왜 국가를 이용해 대중을 통치하는 것과, 개인들을 그들의 가장 특수한 개별성 내에서 통

38　　허버트 드레퓌스가 역사적 분석 내에서의 연속성과 불연속성이라는 이 동일한 문제에 대해 묻자 푸코는 이렇게 설명한다. "불연속성들에 부여된 중요성은 제가 보기에는, 본질적으로 하나의 방법이긴 하지만 하나의 결과는 아닙니다. 저는 불연속성들을 발견하기 위해 사물들을 기술하는 것이 아니라, 사물들이 나타나는 것처럼 보이는 바로 그곳에서 그것들을 평가하려고 노력하며, 그것들을 즉시 축소하려 하지 않으려고 노력합니다. [……] 그리고 여러 꾸준한 과정들 혹은 오랜 단계들을 거치는 과정이 제 능력 밖이었던 것도 사실이고, 저는 첫 번째 독해에서 제 눈에 띄었던 그 불연속성들에 매달렸습니다. 저는 거기서 더 멀리 가지는 않았습니다. 왜냐하면 제 생각에, 여러 개의 주요 범주들, 주요한 윤곽들, 주요한 연속적 장치들이 부족했기 때문이고, 제가 보기에는 어제 [토론 중에] 소크라테스 이전 시기와 그리스도교 영성의 시기 그리고 계몽의 시기에 대해 말씀드렸던 것이 아마도 이제 저로 하여금 사물들의 연속성을 훨씬 더 잘 다시 자리매김할 수 있게 해주었던 것 같습니다." Cf. M. Foucault, *Discussion about books*, conversation cit.

39　　스탠퍼드대학에서 1979년 10월 10일과 16일에 행해졌고 ""Omnes et singulatim": vers une critique de la raison politique"라는 제목으로 출판된 두 번의 강의, 〈옴네스 에트 싱굴라팀 - 정치적 이성 비판을 향하여〉, 《촘스키와 푸코, 인간의 본성을 말하다》(conférence cit., p. 953-980).

치하는 것이 동시에 이루어지고 있는지를 분석하려 했었으니까요.[40] 그리고 이 통치의 또 다른 측면은, 사목적 통치의 조건, 사목적 통치가 존재하고 또 작동하기 위한 조건이라고 생각되는, 자기 테크놀로지들의 문제입니다. 자기 테크놀로지들이 없으면 사목적 통치는 작동하지 않습니다. 그리고 역으로 이 자기 테크놀로지들도 예를 들어 교회에서, 또 교육과 같은 다른 제도들에서도 그렇고 정치제도들 등등에서 발견하실 수 있는 사목적 유형의 통치로부터 지지를 받습니다.

처음에 말씀하셨던, 헌법을 수단으로 삼는 통치의 실패와 연관이 있는 건가요?

네, 바로 그렇습니다.

권력과 지배를 어떻게 구분하십니까?

그에 대해서는 이미 설명했다고 생각합니다. 통치는 순수한 지배 관계가 아니고, 그런 의미에서 통치는 단순히 타인들에게 자신의 의지를 강제하는 수단이 아닙니다. 통치는 사람들의 자기와 사람들의 자기 인도를 지배를 목적으로 활용할 수 있도록 해주는 하나의 테크닉입니다. 이해가 되십니까?

제 질문은 통치에 관한 것이 아니라, 권력과 지배의 차이에 관한 것이

---

40   사목 권력에 관해서는 스탠퍼드에서의 강의들 외에도 다음을 보라. 《안전, 영토, 인구》, 180-264쪽〕(STP, p. 127-232〕; "La philosophie analytique de la politique(정치의 분석철학)" et "Sexualité et pouvoir(성현상과 권력)," dans DE II, n°232 et 233, en particulier p. 547-551 et 559-566.

었습니다. 제가 왜 이런 질문을 드리냐면, 《감시와 처벌》과 《지식의 의지》에서 선생님은, 권력관계들이 변화해 더 많은 지배로 나타나는 것과, 권력관계들이 변화해서 더 많은 해방으로 나타나는 것을 명확히 구분하지 않으시는 것 같아서요. 파시즘과 사회주의 간의 차이에 빗댄 것인데요…….

글쎄요, 제게는 권력의 범주가 좀 더 넓다고 말씀드려야 할 것 같고, 그 범주 안에서는, 가장 단순하고 가장 폭력적인 권력관계들인 지배 관계도 발견할 수 있습니다. 그리고 또 폭력 등등을 활용하지 않으면서도 권력을 행사할 수 있게 해주는 수단인 통치의 테크닉들도 발견할 수 있습니다. 이해하시겠습니까? 그래서 저는 지배가, 권력을 행사하는 가장 나은 수단도 아니고 가장 확실한 수단도 아니며, 단지 권력을 행사하는 어떤 하나의 수단일 뿐이라고 말씀드리겠습니다. 통치하는 쪽이 훨씬 더 효율적입니다. 지배는 그것밖엔 할 수 있는 것이 없을 때 〔나타나는-옮긴이〕 위기의 권력관계일 뿐이라고 말씀드릴 수 있겠습니다. 하지만 통치할 수 있게 되면서부터는, 통치의 가능성과 테크닉 등을 갖고 있다면, 우리는 지배하지 않고 통치하겠죠.

통치에 필수적인 것으로서의 자기 테크닉들을 말씀하실 때, 선생님께 "통치"라는 단어는 늘 경멸적이거나 부정적인 의미를 갖지 않습니까?

글쎄요, 제가 너무 부정적으로 기술하지 않으려고 노력한다는 걸 아실 텐데요. 제가 말씀드렸던 것은, 저는 자기 테크놀로지들에 긍정적인 의미를 부여하고 싶지도 않고 또 지배 테크놀로지들에 부정적인 의미를 부여하고 싶지도 않다는 것이었습니다. 자기 테크놀로지들은 적어도 제 분석에서는, 여타의 것들보다 더 낫거나 더 못하지 않습니다.

> 저는 '자기Soi'라는 단어의 용법 때문에 당황했는데요, 왜냐하면 이제까지 저는 선생님께서 '자기'라는 단어를 다소간 '영혼'의 동의어로, 《감시와 처벌》에서 영혼은 신체의 감옥이라고 말씀하셨던 그런 의미로 사용하신다고 생각했기 때문입니다.[41]

중요하고 또 까다로운 질문입니다. 아시다시피 프랑스어에는 〔영어의-옮긴이〕'self'에 〔해당하는〕 낱말이 없습니다. 그건 참 아쉬운 일인데, 왜냐하면 저는 그 낱말이 좋은 낱말이라고 생각하기 때문입니다. 프랑스어에는 '주체sujet'와 '주체성subjectivité'이라는 두 낱말이 있는데, 질문하신 분께서는 '주체성'이라는 낱말을 자주 사용하시는지 모르겠네요. 아마 자주 사용하지 않으실 겁니다. 보시다시피 저는 '자기'라는 말을 어떤 종류의 관계로 이해합니다. 주체로서의 인간 존재가 자기 자신과 맺을 수 있고 유지할 수 있는 관계 말입니다.[42] 예를 들어 인간 존재는 도시국가에서 정치적 주체일 수 있습니다. 정치적 주체라는 것이 무슨 뜻이냐면, 그 사람이 투표할 수 있다거나, 타인들에 의해 착취당할 수 있다거나 하는 그런 것들입니다. 여기서 자기는, 주체로서의 인간 존재가 어떤 정치적 관계 내에서 자기 자신과 맺을 수 있는 관계의 유

---

41   Cf. 《감시와 처벌》, 62쪽〔SP, p. 34〕.
42   《생명 존재들의 통치에 관하여》의 1980년 3월 12일 강의에서 푸코는, 그가 "주체성"이라는 말로 "자기와 자기가 맺는 관계의 양식"을 의미한다는 것을 명확히 한다. Cf. GV, p. 220-221. 유사한 방식으로 Dictionnaire des philosophes《철학자 사전》의 "푸코" 항목을 시작하기 위해 그가 쓴 알림에서 그는, 그가 "주체성"이라는 말로 "자기와 관계 맺는 진실게임 안에서 주체가 자기 자신을 경험하는 방식"을 의미한다고 단언한다. Cf. M. Foucault, "Foucault," art. cit., p. 1452.

형일 것입니다. 이것을 프랑스어로 '주체성'이라 부를 수 있겠지만
좀 불만족스럽고, 제 생각에는 '자기'가 제일 나은 것 같습니다.
그리고 주체가 자기 자신과 맺는 이런 관계 유형이 테크닉들의 표
적[43]이라고 생각합니다…… 그리고 제가 영혼이 신체의 감옥이라
고 했을 때, 그건 물론 농담이었지만, 그때의 착상은 신체가, 그런
유형의 규율 내에서, 개인이 자기 자신과 맺는 관계 유형에 의해
규정되고 한계 설정된다는 것이었습니다. 그것은 규율에 의해 부
과된 〔관계〕 유형, 신체에게 특정한 자리와 특정한 규정, 특정한 중
요성, 특정한 가치 등등을 부여하는 관계 유형입니다. 이해하시겠
죠? 아닌가요? 질문이 어려워서 그런가, 영어가 정말 잘 안 되네
요.

우리가 자기해석학의 토대를 찾아내는 데 실패했다고 하신 말씀을 제
대로 이해한 건지 확실히 모르겠습니다. 그리고 선생님께서 말씀하시
는, 자기와 자기가 맺는 관계에 기초하는 자기라는 개념도 잘 모르겠
습니다. 그러니까 정체성의 관계가 중요하다는 건가요, 아니면 다른
걸 생각하시는 건가요? 우리가 추구할 수 있는 과학적 방식이 얼마든
지 있습니다. 설령 우리가 그것들에서 어떤 토대를 찾아내는 데 실패
한다 해도, 또 때로는 수학의 경우들에서처럼 그 토대를 발견할 수 없
다는 것을 알고 있다 해도 말입니다. 인간과학에서처럼 특정한 인식들
의 토대를 찾아내는 데 성공하지 못했다고 말씀하고 싶으신 겁니까?
아니면 우리가 우리 자신에 대한 인식에 도달할 수 없다고 말씀하고
싶으신 겁니까?

미셸 푸코는 이 낱말(cible)을 프랑스어로 발음한다.

우선 한 가지만 말해두겠습니다. 자기와 자기가 맺는 관계는 정체성의 관계가 아닙니다.[44] 두 번째로 토대의 문제와 실패의 문제입니다. 몇천 년 전부터 사람들은 인간의 품행에 관한 많은 테크닉들, 예를 들어 기억의 테크닉들, 혹은 교육의 테크닉들, 더 나아가 자기 점검과 고백 등등을 구축해왔습니다. 인간이나 인간 존재에 대한 문제, 그에 대한 과학, 그에 대한 철학과는 아무 관련도 없는 사람들이 몇 세기 동안 이 테크닉들을 발전시켰습니다. 인간이나 인간 존재에 대한 문제, 인간에 관한 과학과 철학은 이 테크닉들의 이론적 정당화인 동시에 토대여야 했고 또 이 테크닉들에 합리적 토대와 합리적 규범을 제공할 수 있는 이론적 정당화여야 했지만 그렇지 못했습니다. 제 생각에는 16세기 혹은 17세기부터, 이론적 토대를 찾지 않고서는 더 이상 이 테크닉들을 발전시킬 수 없었고, 우리는 인간과학을 그런 시도로 간주할 수 있습니다. 이렇게 질문드려보겠습니다. 심리학, 인류학, 정신의학 등등이 정말로 다른 과학들은 도달했던 과학적 요건들[45]을 충족시킬 수 있었다고 생각하십니까? 그러니까, 인간에 관한 이 모든 테크닉들의 일반적 토대일 수 있는, 인간과 인간 존재에 관한 과학을 우리가 창설했다고 생각하십니까?

예를 들면 공학이 토대로 삼는 물리학과 같은 충분히 견고한 토대를 찾아낼 수 없다는 바로 그런 이유로, 생물학을 의학의 토대로 삼으려

---

44 이 답변에서 푸코는 논리적 의미로 이해된 정체성의 관계를 겨냥한다. 하지만 1982년에 행해지고 2년 후에 출판되는 대담에서도 푸코는 여전히 이 "정체성" 개념에 대해 비판적 입장을 취하며 이렇게 명확히 단언하게 된다. "우리가 우리 자신과 유지해야 하는 관계들은 정체성의 관계들이 아닙니다. 그것은 오히려 차별화의 관계, 창조의 관계, 혁신의 관계여야 합니다." Cf. M. Foucault, "Michel Foucault, une interview: sexe, pouvoir et la politique de l'identité(미셸 푸코 인터뷰: 성, 권력 그리고 정체성의 정치)," entretien avec B. Gallagher et A. Wilson, dans DE II, n°358, p. 1558.

45 미셸 푸코는 이 낱말(réquisits)을 프랑스어로 발음한다.

는 것을 단념해버릴 수도 있었고 성급하게 포기해버릴 수도 있었을 것입니다. 하지만 오히려 아직 할 일이 남아 있다고, 집요하게 물고 늘어져야 한다고 생각해야 하지 않을까요? 인간과학들의 경우라고 뭐가 다를까요?

좋은 예를 들어주신 것 같습니다. 생물학과 의학의 관계에서 잘 알 수 있는 것은, 우리가 의학적 문제의 표현 방식 내에서 의학적 테크닉의 토대를 발견한 것이 아니라는 사실입니다. 저는 마찬가지로 몇 세기 전부터 인간 존재의 문제가 이러한 자기해석학을 통해 표명된 방식이 그 테크닉들에 토대를 부여할 수는 없었으며, 아마도 우리는 이 테크닉들의 과학적 토대를 생물학, 공학 등등에서 발견할 수 있지만, 자기해석학의 표현 방식과는 다른 표현 방식 내에서 발견할 수 있다고 말씀드리겠습니다. 달리 말해서 자기해석학의 근본적 전제는 난해한 책, 예언하는 책, 성스러운 책을 해독하듯 해독되어야 하는 숨겨진 심층의 진실을 우리 안에서 찾아내야 한다는 것인데, 저는 이 전제로부터 벗어나야 한다고 생각합니다. 그리고 언젠가는 생물학이나 정보과학 등에 입각해 교육적 테크닉들을 발전시키는 방법도 발견할 수 있겠죠. 하지만 자기해석학에 의해 역사적으로 정식화된 표현 방식을 통해서는 아니라는 겁니다. 이건 테크닉이나 과학 등등에 대한 비판이 전혀 아닙니다.

제가 이해하기로, 선생님의 관점에서 피아제의 작업들이 객관적 성격을 가질 수 있다고 생각하시는 줄 알았습니다. 하지만 지금 선생님께서는 반대로 말씀하시는 것 같습니다. 왜냐하면 피아제의 작업들은 인간과학적 접근에 속하기 때문입니다. 뭔가 모순되지 않습니까?

아닙니다, 저는 모순된다고 생각하지 않습니다. 피아제가 객관적일 수 있다고 말씀드려야겠는데요, 왜냐하면 그가 하고 싶어 하는 것, 혹은 적어도 그가 한 것으로 말할 수 있는 것은, 우리 사회 등에서의 아동 발달에 대한 객관적 기술記述을 제공하는 것이기 때문입니다. 그리고 그것은 객관적입니다. 피아제가 인간 존재에 관한 절대적이고 보편적인 학문의 총체성으로 우리를 이끌어 가나요? 글쎄요, 저는 아니라고 말하겠습니다.

그러면 우리가 어떤 특정한 방식으로 객관화되는 한에서, 제 생각에는……

아니오, 왜냐하면 역사적 실천, 사회적 실천, 기타 등등의 실천, 이런 일련의 실천의 총체들이 있는데, 그것들은 가능한 객관성의 영역, 가능한 대상들의 영역을 정의하기 때문에, 그러니까 피아제는 이 대상들인 바에 대한 객관적 기술을 완벽하게 제공할 수 있습니다. 하지만 문제는 이렇습니다. 그런 객관적 기술을 가지고 우리가, 인간 존재에 관한 학문의 한 조각, 한 부분, 한 요소를 가질 수 있을까요? 이해하시겠습니까?

선생님께서는 권력이 사람들 간의, 그것이 개인이든 아니든, 사람들 간의 어떤 관계라고 말씀하셨습니다. 그러면 사람들과 제도들, 사람들과 관념들, 혹은 아마도 사람들과 물리적 대상들 간에도 권력관계가 있을 수 있을까요?

저는 물리적 대상들이라고 말하지 않겠습니다. 제 생각에 이 문제는 전혀 다릅니다. 하지만 관념들을 예로 들어봅시다. 관넘들이 권력을 행사한다고 사람들이 말할 때, 그건 은유적인 방식으로 말하는 것일 뿐입니다. 관념들이 영향력이 있다고 말할 수 있는데 그게 과연 무슨 의미일까요? 그 의미는, 어떤 사람이 그 관념들을 이용하거나 그 관념들을 표현할 경우, 왜냐하면 우리는 그 관념들을 받아들이거나 그 관념들을 어떤 분야의 사람들과 공유하기 때문에, 그 사람은 그 관념들을 어떤 특정한 목표를 위해 사용할 수 있고 그래서 권력관계들이 존재할 수 있습니다. 하지만 사람들이 권력관계들을 작동시킬 때에야 비로소 권력에 대해 논할 수 있는 것입니다. 관념들도 그 자체로 권력은 아니고, 제도들도 그 자체로 권력은 아니라고 생각합니다. 그것들은 사람들이 그것들을 제어하는 한에서만 권력을 갖습니다. 명확하지요?

그리스도교에서 고백의 동기가 되고 자기희생을 정당화하는 구원이라는 관념이 그 자체로 힘과 생명력을 갖는다고 말할 수 있지 않을까요?

관념 그 자체로는 권력을 갖지 않는 것이 당연하다고 생각하지 않으십니까? 이 관념은 받아들여질 수 있고, 이 관념은 이해하기 어렵고, 이 관념은 매력적이고, 그 관념을 받아들이는 것은 심리적 장점을 가질 수 있고, 등등…… 이런 식으로는 얼마든지 말할 수 있습니다. 하지만 그 관념이 권력을 행사할 수 있다고 말할 수는 없습니다. 보시다시피 징글징글한 낱말입니다. 저도 이 '권력'이라는 말의 수많은 희생자들 중 한 사람입니다. '권력'이라는 말은요……. 하지만 만약 개인들 간의 상호작용의 장을, 어떤 사람이 어떤 특정한 목적 때문에 다른 사람에게 작용을 가할 수 있는 그런 상호작용의 장을 분석하고 싶다면, 만약 그 장을 따로 떼어내고 싶다면, 물론 그 장은 타자들과 연결되어 있지만 그래도 만약 그것을 분석하고 싶다면 그 장을 문제로서 따로 떼어내야 하고 그래서 '권력'이라는 말에 비교적 제한적인 정의를 부여해야 하고 이 말의 모든 은유적 용법을 제거해야 합니다. 그리고 그 관념들이 그 자체로 권력을 갖는다고 생각하는 것은, 은유적인 의미로만 다뤄져야 한다고 생각합니다.

미셸 푸코와의 대담

(1980년 11월 3일)

어떤 의미에서 저는 모럴리스트입니다.* 왜냐하면 저는 인간 실존의 임무들 가운데 하나, 의미들 가운데 하나—인간의 자유는 이것으로 이루어져 있는데요,—는 그 어떤 것도 결정적인 것, 건드릴 수 없는 것, 자명한 것, 부동하는 것으로 받아들이지 않는 것이라고 생각하기 때문입니다. 현실의 그 무엇도 우리에게 결정적이고 비인간적인 법을 부과해서는 안 됩니다. 그렇다면 우리가 일어나 저항해야 하는 대상은 바로 이 모든 형태의 권력이라 생각할 수 있습니다. 좁은 의미에서 이해되는 통치라는 유형의 권력, 어떤 사회집단이 다른 사회집단에 행사하는 그런 유형의 권력으로 이해되는 권력이 아니라 말입니다. 저는 우리에게 현실, 진실, 선으로 부여된 것을 그야말로 부동하는 것으로 만들고 건드릴 수 없는 것으로 만드는 모든 것을 '권력'이라 명명합니다.

하지만 일시적인 방식으로라도 사물은 고정시켜야 하지 않나요?

물론 당연히 그렇죠. 무한정한 불연속성 속에서만 살아야 한다는 말이 아닙니다. 제가 말하고자 하는 것은 모든 고정화 지점들, 부동화 지점들이 전술과 전략 내에 있는 요소들, 다시 말해 사물에 변형되거나 변화할 수 있는 유동성, 가능성을 회복시키려는 노력 내에 있는 요소들로 간주되어야 한다는 점입니다. 앞서 말씀드렸듯 제 윤리(도덕)를 구성하는 세 요소가 있습니다. 〔첫째는〕 우리에게 제시된 것을 자명한 것으로 받아들이기를 거부하는 것입니다. 둘째는 호기심의 원리입니다. 왜냐하면 우리가 해야 하는 것은 그 무엇이든 성찰과 인식 없이는 행해질 수 없고, 그러니

---

*   녹음 시작점.

분석하고 알려고 노력할 필요가 있기 때문입니다. 셋째는 선행하는 그 어떤 프로그램에 의해 영향을 받지 않고* 우리 성찰의 일정한 요소들과 우리가 행위하는 방식 내에서 지금까지 전혀 사유되지 않고 상상되지 않고 알려지지 않았던 바를 찾아내는 혁신의 원리입니다. 즉 거부, 호기심, 혁신입니다.

현대적 주체 개념은 거부, 호기심, 혁신이라는 세 개념을 내포하고 있는 듯합니다. 선생님은 이 주체 개념을 고정시키려는 경향을 공격하시는 겁니까?

제가 말씀드리고자 했던 것은 제가 제 연구를 어떤 가치의 영역에 위치시켰는지에 관한 것이었습니다. 저더러 도덕을 거부한 니힐리스트가 아니냐 물어보셨죠. 아니라고 말씀 드리겠습니다. 그리고 또 아주 정당한 질문을 하셨습니다. "선생님이 지금 하고 계신 일을 왜 하고 계신 겁니까?" 거기에는 이렇게 답변하겠습니다. "바로 그것이 제 가치입니다." 저는 현대의 주체 이론, 현대의 주체 철학이 주체에다 혁신의 능력을 부여했지만 사실 이론적으로만 그렇게 했다고 생각합니다. 그러니까 사실 그건, 제가 주체 이론이 아닌 제 연구에 부여하고자 하는 다양한 가치들을 실천으로 이동시켜주지는 못한다고 생각합니다.

열린 권력이라는 게 존재할 수 있을까요? 아니면 권력은 본질적으로 억압적인 걸까요?

---

* 미셸 푸코는 "선행하는 그 어떤 프로그램도 읽지 않고"라고 말한다.

권력관계와 권력 모델은, 위로부터 와서 개인들에게 달려들어 이것저것을 금지시키는 억압 체계로 이해되어서는 안 된다고 생각합니다. 제가 볼 때 권력은 관계들의 총체입니다. 권력을 행사한다는 건 뭘 의미할까요? 권력을 행사한다는 건 이 녹음기를 집어 들어 바닥에 내동댕이치는 것이 아닙니다. 제가 그렇게 할 가능성은 있습니다. 요컨대 저는 물질적 가능성, 신체적 가능성, 운동적 가능성 등을 갖고 있습니다.

아마 의지도 갖고 계시겠죠?

제가 그렇게 함으로써 권력을 행사하는 건 아닙니다. 하지만 반대로 제가 **당신을** 난처하게 하려고 이 녹음기를 집어 들어 바닥에 내동댕이친다면, 저는 권력을 행사하는 겁니다. 아니면 제가 한 말을 당신이 반복하지 못하도록 하기 위해서나, 당신을 압박해서 당신이 이러저러한 방식으로 행동하게 하기 위해, 혹은 당신을 위협하기 위해, 다시 말해 제가 당신의 일정한 행동에 작용을 가하기 위해 녹음기를 집어 던지는 바로 그 순간, 저는 권력을 행사하는 겁니다. 다시 말해서 권력은 두 사람 간의 관계입니다. 권력은 소통과는 다른 성질의 관계입니다. 당신이 소통의 수단을 사용해야만 할지라도 말입니다. 그것은 제가 당신에게 "오늘 날씨가 좋습니다"라거나 "저는 몇 년 몇 월 며칠에 태어났어요"라고 말하는 것과는 다른 어떤 것입니다. 저는 당신에게 권력을 행사하여 당신의 품행에 일정한 작용을 가하거나 가하려고 시도하며 당신의 행동을 유도하고 지휘하려고 하는 것입니다. 가장 간단한 수단은 당연히 당신 손을 잡고 여기로 혹은 저기로 가라고 강제하는 것입니다. 이것은 말하자면 권력의 영도零度라고 생각합니다.

이것은 한계 형태이고 이 시점에서 사실 권력은 권력이기를 중단하고 물리적 힘이 됩니다. 반면 제가 제 나이를 이용하거나 사회적 입지를 활용하거나 이러저러한 것들에 관한 지식을 활용해 당신을 이러저러한 방식으로 행동하게 만들 경우, 다시 말해 제가 당신을 전혀 강제하지 않고 자유롭게 내버려둘 경우, 바로 이 경우에 저는 권력을 행사하는 것입니다. 권력이, 개인들을 억압하거나 개인들에게 이러저러한 일을 하도록 강제하거나 이러저러한 일을 하지 못하게 막는 강압적 폭력에 입각해 정의될 수 없다는 것은 자명합니다. 반면 두 자유로운 주체 간의 관계가 존재할 경우, 그리고 일방은 타자에게 작용을 가하고 타자는 '작용당하거나' 작용당하는 것을 받아들이는 불균형이 이 관계 내에 있을 경우 권력이 존재합니다. 그래서 이것에 입각해⋯⋯ 질문하신 출발점이 어디였는지 잘 기억이 나지 않네요. 아 알겠습니다. 권력은 늘 억압적이냐고 물어보셨죠? 아니오, 그렇지 않습니다. 권력은 여러 형태를 취할 수 있고 또 결국 열린 권력관계가 존재할 수 있습니다.

평등한 관계 말인가요?

평등한 관계가 결코 아닙니다. 권력이 존재하는 순간 불평등이 존재하기 때문이죠. 하지만 역전 가능한 체계들이 존재할 수 있습니다. 연애 관계를 예로 들어보죠. 사랑의 관계라고 하지 말고 연애(육체-옮긴이) 관계에 국한시켜 말해보겠습니다. 잘 아시다시피 연애 관계는 권력 게임이고 이 게임에서 신체적 힘이 절대적으로 중요한 요소는 아닙니다. 나와 타자의 대면이 있고 내가 이 타자의 품행에 일정한 작용을 가하고 그것을 한정하는 방식이 존재합니다. 그리고 나서 이 타자가 저의 이 한정 방식을 이용해 역으로 저의 품행을 한정하는 것도 감수해야 합니다. 여기에는 당연히 국지적이긴 하지만 역전 가능한 — 한정된(이라고 저는 말하고 싶은데)* — 일정 유형의 권력이 존재합니다. 하지만 이 권력관계 자체가 (단지)** 억압에만 속하는 것은 아닙니다. 거의 대부분의 사회들에는, 아마도 (모든 사회들)***에는 상황을 완전히 고착화시키는 사회적, 경제적, 정치적, 제도적 등등의 불균형 속에서 일정 수의 사람들에게 유리하도록 권력관계들을 굳히고 유지시키기 위한 조직들이 존재합니다. 바로 이런 경우에 이것이 엄밀한 의미에서 권력이라 불리는 것입니다. 이것은 사실 어떤 사람들에게는 유리하고, 어떤 사람들에게는 손해가 되는 식으로 제도화되고 고착화되며 고정화된 권력관계입니다.

서로가 권력관계의 희생양이라는 말입니까?

아니오, 그렇지 않습니다. 권력을 행사하는 자들이 스스로를 희생양이라 말하는 것은 좀 너무 안이하다고 생각합니다. 결국 그들이 함정에 빠져 권력 행사에 사로잡히는 일이 일어나기도 하죠. 하지만 권력을 행사하는 자들은 다른 사람들보다 훨씬 덜 희생당한다고 생각합니다.

어떻게 맑시스트들이 선생님을 비판할 수 있는 걸까요? 선생님이 교조주의자가 아닌 건 당연하지만 제가 보기에 선생님은 맑시스트들과

---

*   몇몇 낱말이 잘 들리지 않아 추측했다.
**   몇몇 낱말이 잘 들리지 않아 추측했다.
***   몇몇 낱말이 잘 들리지 않아 추측했다.

연대하고 계시다고 생각되는데요.

제가 맑시스트와 연대한다고요? 잘 모르겠네요. 글쎄요, 저는 〔보편적-옮긴이〕 맑시즘이 뭔지 잘 모르겠습니다. 게다가 즉자적으로든 대자적으로든 〔보편적-옮긴이〕 맑시즘이라는 것이 존재한다고 생각하지 않습니다. 사실 맑스의 불행은, 아니 원하신다면 행복은, 그의 이론이 정치조직들에 의해 늘 재검토되어왔다는 사실입니다. 하지만 맑스의 이론은 한 세기 동안 지속적으로 놀라울 정도로 강력하고 전투적인 정치-사회적 조직들의 실존과 늘 결부되어온, 심지어는 소련의 국가 기제들과도 늘 결부되어온, 역사적이고 종국에는 철학적인 유일한 이론입니다. 그래서 사람들이 저에게 맑시즘에 대해 말하면 저는 어떤 맑시즘을 말씀하시는 거냐고 되묻습니다. 동독에서 학습하는 맑시즘Marxismus-Leninismus인지 조르주 마르셰Georges Marchais와 같은 사람이 사용하는 모호하고 혼란스러우며 조잡한 개념들을 말하는 건지, 아니면 영국의 몇몇 역사가들이 참조하는 이론 체계를 말하는 건지 말입니다. 결국 〔보편적-옮긴이〕 맑시즘이 뭔지 저는 모르겠습니다. 저는 제 분석의 대상들과 씨름하고 있고 또 맑스나 〔······〕* 맑스주의자에게서 발견할 수 있는 어떤 개념이 〔제 분석의 대상들과〕 잘 들어맞는다고 생각될 경우 사용해봅니다. 그래서 맑스주의자들이 상당수의 것들을 거부할 경우, 하지만 제가 그것들을 맑스에게서 발견해 잘 알고 있는 경우 〔······〕 맑스가 말한 것에서 제가 가장 가까운 그런 점들과 관련해 맑시스트들이 저를 비판하면 전 그냥 웃어버립니다.

---

* 몇몇 낱말이 잘 들리지 않는다.

그리고 맑시스트들의 선두에 [위치시켜 마땅한 사람들이]* 맑스를 모르는 수많은 사람들 속에서 발견된다는 사실을 다시 한 번 확신하게 됩니다. 이게 전부입니다. 이게 전부예요. 한 가지 첨언하면 그들은 당연히 훌륭한 투사로서, 적의 입장을 결코 정확하고 진지하며 진정하고 객관적인 방식으로 설명하지 않고 적이 전혀 말하지 않은 것들을 적이 말한 것으로 간주하고 풍자를 만들어냅니다. 제가 왜 이런 논쟁에 참여해야 하는지 잘 모르겠습니다.

인간을 통치하고 조직하는 데 있어 억압적이지 않은 권력 체제를 염두에 두고 있으신지요?

아시다시피 권력의 프로그램은 세 개의 양태만을 취할 뿐입니다. 먼저 어떻게 가급적 최적으로, 다시 말해 가급적 가장 효율적으로 권력을 행사할 것인가라는 입장입니다. 대략적으로 이것이 의미하는 바는 어떻게 권력을 강화할 것인가라는 입장입니다. 아니면 이와 정반대되는 입장, 즉 어떻게 권력을 전복시킬 것인가, 이러저러한 권력관계의 결정화에 이의를 제기하기 위해서는 어떤 것을 공략해야 하는가라는 입장입니다. 그리고 중간적 입장이 있습니다. 여기서는 한 사회 내에서 일단 구축은 되었지만 제대로 작동하지는 않는 권력관계들을 어떻게 최대한 덜 나쁜 것이 되도록 제한할 수 있을까가 관건입니다. 저는 첫 번째 입장—권력을 더욱 잘 행사하기 위한 권력의 프로그램을 만드는 것—에는 관심이 없습니다. 두 번째 입장은 제게 흥미롭게 보이지만 주로 그 목표들, 다시 말해서 구체적으로 수행해야 할 투쟁들에 입

* 이 낱말들을 덧붙이지 않으면 이 문장의 말미를 이해할 수 없기에 추측했다.

각해 고찰되어야 한다고 생각합니다. 그리고 이것은 선험적 이론을 만들어내지 않는 것을 전제로 합니다. 중간 형태―수용 가능한 권력의 조건은 무엇인가―와 관련해서 저는 이 권력 행사를 수용할 수 있는 조건들은 선험적으로 정의될 수 없다고 말하겠습니다. 요컨대 이 조건들은 한 사회 내의 힘의 관계로부터 결과되는 것이고 또 바로 이런 상태, 이러한 상태 내에서 권력관계를 가능하게 하는 이러저러한 불균형을, 요컨대 일정 기간 가장 열악한 상태에 있는 희생양들이 용인하게 만드는 힘의 관계로부터 결과되는 것입니다. 그래서 수용할 수 있는 것은 바로 그것이라고 말하게 됩니다. 그러고 나서 몇 달 후에, 몇 년 후에, 경우에 따라서는 수 세기 후에 사람들이 저항하며 그 타협은 더 이상 유효하지 않다고 저항합니다. 이렇게 됩니다. 하지만 권력 행사를 위한 최적의 결정적 공식을 부여할 필요는 없습니다.

인간들 사이의 권력관계에서 뭔가가 고착화되고 일정 시간이 지나면 그것이 참을 수 없는 것이 된다는 건가요?

그렇습니다. 때로는 즉각적으로 참을 수 없는 것이 되기도 합니다. 다시 한 번 말씀드리지만 있는 그대로의 권력, 이러저러한 사회에 실존하는 권력관계는 힘의 관계의 결정화結晶化입니다. 그리고 이 힘의 관계의 결정화가 주어진 한 사회에서 권력관계의 이상적 이론으로 정식화될 수 있다거나 정식화되어야 할 필요가 있는 것은 아닙니다. 어떤 의미에서 사람들은 제가 구조주의자, 언어학자 등등이 아닌가 하는데, 아시다시피 이것은 마치 문법학자가 "랑그는 이러해야 돼. 영어 혹은 프랑스어는 이런 식으로 말해져야 돼"와 같이 말하는 것과 유사하다고 생각합니다. 하지만 전혀 그럴 수 없습니다. 주어진 한 시기에 랑그가 어떻게 말해졌는지, 사람들이 무엇을 이해했고 또 무엇을 용인하지 않았으며 무엇을 이해할 수 없었는지에 대해서는 말할 수 있겠죠. 하지만 그게 말할 수 있는 전부입니다. 그렇다고 해서 이 랑그에 대한 연구가 혁신을 불가능하게 한다는 의미는 아닙니다.

지금 이 순간을 제외하고는 (권력에 대해-옮긴이) 실정적으로 논의하는 것을 거부하시는 겁니까?

우리가 권력을 관계들의 총체, 즉 힘의 관계라 할 수 있는 관계들의 총체로 생각하는 순간부터, 최적의 힘의 상태의 강령적 정의는 존재할 수 없습니다. 예를 들어 "나는 순수한 아리안 백인이 권력을 잡고 행사하기를 바란다"고 말하거나 "나는 프롤레타리아트가 총체적인 방식으로 (……)* 권력을 행사하기를 원한다"고 말하면서 한쪽 편을 드는 경우에만 그렇게 할 수 있는 것입니다. 이렇게 말하는 순간부터 비로소 그것은 권력 구축의 데이터 혹은 강령인 것입니다.

인간들의 조직이 억압적 권력의 한 형태를 띠게 되는 것은 인간 존재들의 삶에 내재되어 있는 것일까요?

당연히 그렇습니다. 사람들이 권력관계의 체계 내에서 그들이 타자들에게 작용을 가할 수 있고 또 타자들의 품행을 결정할 수 있는 위치에 있게 되는 바로 그 순간부터, 타자들의 품행은 전

* 　　　몇몇 낱말이 들리지 않는다.

적으로 자유롭지는 못하게 됩니다. 결국 관용의 한계 수위에 따라, 다양한 변수에 따라 이 관계는 다소 용인되기도 하고 또 다소 거부되기도 하겠지만, 전적으로 수용되는 일은 결코 없을 겁니다. 제동장치들이 늘 존재할 것이고, 이 관계를 용인하지 않으려는 사람들이 늘 있을 것이고 사람들이 저항하는 지점들이 늘 존재하게 마련입니다.

　　의식적 의지와 무의식적 의지를 구분해야 하지 않을까요? 저는 복종하거나 권력을 용인하거나를 선택할 수 있습니다. 이 경우 지배라고 말할 수 있을까요? 사람들이 제게 "당신이 선택하지 않는다 해도 그것은 당신에게 좋고, 사실 당신은 그것을 원하고 있으며 나는 그 사실을 잘 알고 있다"라고 말할 수도 있을 것입니다. 어떤 경우가 지배라고 말할 수 있을까요?

　　무의식적 의지가 뭔지 잘 모르겠습니다. 의지의 주체는 자신이 원하는 것을 원합니다. 그리고 당신이 그에게 "너는 네가 원하는 게 뭔지 몰라. 네가 원하는 게 뭔지를 내가 알려주지"라고 반대 의견을 개진하는 순간, 그것이 권력을 행사하기 위한 중요한 수단들 가운데 하나라는 것은 명백한 사실입니다.

　　하지만 자기 자신에게 권력이 행사되는 것을 용인하는 사람들의 경우 그것을 지배라고 말할 수 있을까요?

　　그렇습니다. 그들이 지배당하는 것을 수용하는 것, 그게 다죠.

하지만 그들에게 그것은 지배가 아닙니다.

아니요, 그것은 지배입니다. 그들은 통치받는 것을 받아들이고, 지휘받는 것을 받아들이는 것이죠.

구체적인 질문 하나 드려보겠습니다. 선생님은 범죄 문제를 해결하기 위해 어떻게 해야 한다고 생각하십니까? 아니면 드레퓌스 교수가 저에게 준 다른 하나의 예를 들어보겠습니다. 그는 자신의 자녀가 벽에 낙서를 하고자 하는데 당신의 논리에 입각해보면 그것을 막는 것은 억압 행위라고 말했습니다. 그것을 허용해야 할까요 아니면 "됐어, 그만둬!"라고 해야 할까요?

저는 벽에 낙서를 하고 싶어 하는 드레퓌스 교수의 자녀와 관련해 그것을 막는 것이 억압하는 것이라고 말한 적이 없습니다. 〔……〕 결혼도 하지 않았고 가부장도 아닌 저는 무엇이건 말을 하는 데 조심합니다. 제가 사람들이 권력 관념이라고 간주하는 그런 관념, 즉 권력은 억압적인 끔찍한 어떤 것, 결국 권력은 개인을 억압하는 것을 기능으로 하는 어떤 것이라는 관념을 갖는다면 아이가 벽에 낙서하는 것을 막은 것은 당연히 참을 수 없는 압박이겠죠. 하지만 제가 말한 건 그런 게 아닙니다. 〔권력은〕 관계입니다. 인간이 타인의 행동을 인도하는 관계입니다. 그리고 이러한 인도, 즉 타인의 품행을 인도하는 이 방식이 긍정적이고 유효하고 흥미로운 등등의 효과를 발생시키지 못하리라는 법은 없습니다. 제게 아이가 있다면 당연히 벽에 낙서를 하지 않으리라는 것을 약속드리고, 설사 한다 할지라도 그것은 내 의지에 반해서라고 말할 수 있을 것입니다.

그러니까 늘 점검해야 한다는 건가요?

〔그렇습니다〕. 말씀하신 것이 정확히 맞습니다. 권력 행사는 당
연한 것이 아닙니다, 당신이 아버지이기 때문에 당신 아이의 따귀
를 때릴 수 있는 권리를 갖는 것이 아닙니다. 당신이 당신 아이의
품행에 작용을 가할 경우─그리고 종종 아이를 벌하지 않는 것
역시 그의 품행에 작용을 가하는 일정한 방식이 됩니다─당신은
무수한 성찰을 요하는 대단히 복잡한 것의 체계 속으로 들어갑
니다. 우리 사회에서 수많은 사물들의 의미의 가치들이 무엇인지
알기 위해 기호학 체계에 물음을 제기하는 데 기울이는 세심한
주의와 비교하여 생각해볼 때 아마도 권력 행사로부터 발생하는
복잡한 연쇄 효과에 충분한 관심을 집중하지 못함으로써 권력 행
사의 체계를 상대적으로 등한시했다고 생각합니다.

선생님의 입장은 계속해서 권력의 이론화를 탈피하려 합니다. 선생님
의 입장은 매 순간 수정해야 하는 어떤 것입니다.

〔그렇습니다〕. 그것은 매 순간 수정해야 하는 어떤 것입니다.
말하자면 이론적 실천입니다. 즉 그것은 실천을 이론화하는 방식
이지 이론이 아닙니다. 제가 지금 그렇게 시도하고 있는 것처럼
일정한 방식으로 권력관계를 분석할 경우, 제가 말하는 것은 모
순되지 않습니다.

선생님 입장은 제가 생각했던 것과 아주 다릅니다.

사람들은 제가 권력에 대해 일종의 절대적 혐오감을 갖고

있는 급진적 아나키스트라고 생각합니다. 하지만 결코 그렇지 않습니다. 저는 권력의 행사라고 하는, 사회에서 대단히 중요하고 어려운 현상과 관련해 가장 숙고하고 있고 또 제 생각에 가장 신중한 태도를 취하려고 노력하고 있습니다. 저는 도덕적인 동시에 이론적인 가정에 대한 분석의 관점에서 신중하려고 노력했습니다. 여기서 무엇이 중요한지를 〔알아야 합니다〕*. 하지만 권력관계에 세심한 주의를 기울여 권력관계가 작용할 수 있는 모든 분야에서 문제를 제기하는 것은 묵시록의 괴물과 같은 권력의 신화를 〔구축하는 것〕을 의미하지 않습니다. 〔……〕**

타자들에 대한 선생님의 행위를 이끄는 원리들은 무엇입니까?

이미 말씀드렸다시피 그것은 거부, 호기심, 혁신입니다.

그것들 모두 부정적인 것은 아닐까요?

잘 아시다시피 권력 행사와 관련해 가질 수 있는 유일한 윤리〔태도-옮긴이〕는 타인의 자유입니다. 그리고 다시 한 번 말씀드리자면, 저는 "이런 식으로 섹스하세요! 아이를 가지세요! 노동하세요!" 등과 같이 말하면서 타인의 자유를 억압할 생각은 없어요.

너무 많은 출구들이 있어서 제가 좀 길을 잃은 것 같습니다.

---

*   몇몇 낱말들을 잘 들리지 않아 추측했다.
**   몇몇 낱말이 들리지 않는다.

그래요, 그래요. 참 어려운 문제입니다. 저는 예언자도 아니고 기획자도 아닙니다. 제가 〔사람들에게〕 그들이 뭘 해야 하는지, "그것은 당신에게 좋고 저것은 당신에게 좋지 않아요"라는 식으로 말해서는 안 됩니다. 저는 복잡할 수도 있는 어떤 상황을 분석해보려고 시도합니다. 그리고 이 분석의 역할과 임무는 거부, 호기심, 혁신을 가능하게 하는 것입니다. 이상입니다. 〔……〕 제가 사람들에게 "이것이 당신에게 좋습니다"라고 말할 필요는 없습니다.

선생님께 개인적으로 좋은 것은요?

그 누구와도 무관합니다. 제 생각에 이 문제의 핵심에는 철학이나 지식인 혹은 지식 일반의 기능과 관련된 애매한 문제, 즉 우리에게 좋은 것을 이야기하는 것은 이들의 소관이라는 애매한 문제가 존재합니다. 하지만 그렇지 않습니다. 이것은 그들의 역할이 아닙니다. 그들은 이 역할을 무리하게 담당하려고 하는 경향이 있습니다. 그들이 우리에게 좋은 것을 이야기한 지 2000년이나 되었지만 그것은 재앙적인 결과들을 수반했습니다. 아시다시피 끔찍하고 덫이 놓인 게임이 있습니다. 이 게임에서 지식인들은 〔……〕* 선한 것이 뭔지 말하는 경향이 있고 사람들은 오직 한가지를, 즉 선한 것이 뭔지를 지식인들에게 묻습니다. 그리고 지식인들이 사람들에게 선한 것이 뭔지를 말하지 않으면 사람들은 지식인들에게 "참 나쁘군요!"라고 외치기 시작합니다. 이 게임을 바꿉시다! 지식인들은 더 이상 선이 무엇인지 말할 필요가 없다고 말해봅시다. 그리고 바로 사람들이, 자신들에게 제안된 현실에 대한

---

*   몇몇 낱말이 들리지 않는다.

분석에 기초해서, 스스로에게 무엇이 좋은지를 결정하는 방식으로, 자발적으로 작업하거나 스스로를 구축해야 한다고 말해봅시다.

선은 일신합니다. 선은 시간을 초월한 하늘에서, 선의 천문학자처럼 별들에게 좋은 상황이 무엇인지를 말할 수 있는 사람들과 함께하는 존재가 아닙니다. 선은 정의되고 실천되며 만들어지는 것입니다. 하지만 그것은 작업이고 다수의 작업, 집단적 작업입니다. 이제 좀 명확해졌나요?

"자기해석학"의 그리스도교적 기원

이 책은 1980년에 푸코가 행한 두 차례 강연과 한 번의 공개 토론 그리고 한 차례의 인터뷰로 구성되어 있으며, 현대 주체의 계보를 중심으로 체계화된 푸코의 기획 전반에 대한 개괄적 윤곽을 제시한다. 이 책을 구성하는 첫 번째 강연의 제목 〈주체성과 진실Subjectivité et vérité〉은 푸코의 1980-1981년도 콜레주드프랑스 강연 제목과 동일하다. 푸코는 이 제목을 여러 차례 사용했다. 그래서 혼동을 피하기 위해 편집자들은 푸코의 제안에 따라, 이 책 전체를 포괄하는 제목으로《자기해석학의 기원L'origine de l'herméneutique de soi》을 채택했다. 이 책에는 1980년 11월 미국 다트머스대학에서 푸코가 영어로 진행한 "Truth and subjectivity"(진실과 주체성)과 "Christianity and Confession"(그리스도교와 고백)이라는 두 강의의 프랑스어 번역이 실려 있다. 이 책에 실린 첫 번째 강연은 이 강연 직전 버클리대학에서 진행했던 강연과 거의 같지만 약간 다르다. 두 버전의 주요 차이점들은 하단의 각주에 표시되어 있다. 그리고 이 책에는 이 두 강연과 같은 시기에 행해진 토론과 인터뷰로 구성된 두 텍스트도 실려 있다. 요컨대 1980년 10월 버클리대학에서 영어로 진행한 공개 토론과 1980년 11월 마이클 베스와 프랑스어로 행한 인터뷰가 실려 있다.

자기 점검과 고백이라는 주제를 중심으로 하는 이 두 강연에서 푸코는 현대의 자기해석학이 영혼의 지도라는 그리스도교의 자기 테크놀로지로부터 비롯되었다는 사실을 보여주며, 소크라테스의 자기 인식과 현대의 주체성 간에 연속성을 설정하는 것은 오류라고 주장한다. 이 강연에서 푸코는 고대의 자기 돌봄 혹은 자기 배려와, 4-5세기 그리스도교 영성이 정착시킨 주체의 해석학을 가르는 차이와 거리를 명확히 해명하고, 그리스도교 자기 해석학의 핵심을 이루는 의식 점검과 고백이 현대 주체의 계보의 두 중요한 근간이라고 주장한다.

　　푸코는 샤워 요법, 혹은 물 고문을 반복해 환자 스스로 자기가 미쳤다고 고백하게 만드는 "괴상한 치료법"을 사용한 19세기 정신과 의사 프랑수아 뢰레의 일화로부터 시작해 두 강연의 주제를 소개한다. 19세기 말에 행해진 이 치료 실천은 오늘날 우리 사회에서 "개인성, 담론, 진실, 강제"[1] 간에 직조되는 네트워크들의 복잡성과 관련해 큰 중요성을 지닌다. 뢰레의 이 사례에 기초에 푸코는 자신의 작업의 일관성을 설명한다. 푸코는 주체의 역사성을 발견한 니체의 궤적 내에 자신의 연구를 위치시킨다. 니체가 제공한 기초 위에서 수행되는 주체의 계보 연구는 역사를 통해 주체를 비판한다. 이 연구는 자기 혹은 주체에 관한 현대적 이해로 귀결되는 역사를 추적하는 작업과, 주체 철학으로부터 벗어나려는 작업으로 이루어진다. 여기서 전자는 후자의 수단이 된다. 1970년대까지 푸코는 지식의 고고학을 거치는 계보학을 연구함으로써 인식 대상으로서의 주체의 구성과 관련된 지배 테크닉들을 밝혀낸다.

　　그러나 이제 1970년대 말부터 작고하게 될 1984년에 이르기까지 푸코는 주체의 계보학을 통해 지배 테크닉들과 상호관

1　　이 책 34쪽.

계에 있는 다른 유형의 테크닉들에 관한 연구를 시작한다. 그것이 바로 "자기 테크놀로지"에 관한 연구다. 이 자기 테크놀로지는 "개인들로 하여금 자기 자신들을 변형시키고 수정하게 하는 방식으로 스스로 그들 자신의 신체, 영혼, 사유, 품행에 상당수의 작업을 수행할 수 있게 해서 일정한 완결 상태, 행복의 상태, 순수한 상태, 초자연적 힘의 상태에 도달할 수 있게 해주는 일련의 테크닉들"[2]이다. 주체의 계보를 연구하기 위해서는 이 자기 테크닉을 고려해야만 한다. 그러나 푸코는 지배 테크닉과 자기 테크닉 간의 관계가 늘 불안정하다고 말한다. 요컨대 "강제를 확보하는 테크닉과 인간이 자기 자신을 스스로 구축하고 변화시키는 절차[테크닉] 간의 상보성이 늘 존재하고 갈등을 수반하는 불안정한 평형"[3]이 항시 존재한다는 것이다. 그리고 푸코는 주체의 계보와 관련해 자신이 이제까지 지배 테크닉들에 과도하게 천착했다는 점을 강조한다. 독자는 이 강연이 1980년에 행해졌다는 사실, 그리고 이 시기는 푸코의 연구가 고대 그리스-로마로 향하는 "전환점"이라는 사실을 상기할 필요가 있다. 이 시기 푸코는 자신의 연구 방식을 수정한다. 요컨대 "테크닉들의 효율성은 강압 테크놀로지와 자기 테크놀로지의 섬세한 조합에서 발생"[4]한다는 것이다. 푸코가 초기 그리스도교 시대의 의식 점검과 고백이라는 자기 테크닉들을 탐구한 것은 바로 이런 맥락에서다.

그래서 푸코는 첫 번째 강연 〈주체성과 진실〉에서 이 테크놀로지 가운데 가장 중요하다고 생각되는 자기 점검과 고백을 다룬다. 푸코는 이 두 테크닉을 역사 속에 위치시키고, 그리스-로마

---

2   이 책 41쪽.
3   이 책 43쪽.
4   이 책 44쪽.

의 자기 인식gnôthi seauton의 계율이 "당신의 영적 인도자에게 당신의 모든 생각을 고백하라"⁵는 수도원의 계율로 변화된 것, 요컨대 초기 그리스도교 시대에 발생한 변화를 중심으로 고찰한다. 푸코가 보기에 이 변환은 현대 주체성의 계보에서 결정적으로 중요하다. 이 변환에 의해 자기해석학이 시작되기 때문이다.

　이 강의에서 푸코는 자기 점검과 고백이 헬레니즘 시대와 제정 시대 철학에도 존재했지만 이것들이 자기의 해석학적 분석으로 귀착되지는 않았다는 사실을 지적한다. 왜냐하면 고대에 이 자기 테크닉들은 그것들이 지향하는 목적인 자기 제어를 위해 사용되었고, 스승과의 상황적이거나 일시적인 관계를 중심으로 체계화되었기 때문이다. 여기서 스승은 자신의 담론을 통해 제자의 독자성 확보를 돕는 역할을 담당한다. 푸코는 세네카의 〈분노에 관하여〉에서 발췌한 텍스트를 인용하면서 잠자리에 들기 전에 행하는 자기 점검에서 세네카가 어떤 유형의 진실과 연루되는지, 어떻게 자기를 정의하는지를 분석한다. 세네카는 자신이 보낸 하루를 결산하면서 자신의 내면 깊은 곳에 숨어 있는 진실을 파헤치려고 하는 것이 아니라 망각한 어떤 진실을 상기하려 한다. 여기서 문제가 되는 것은 스토아주의 도그마들의 진실이다. 망각에서 벗어나야 하며, 그래야 하는 이유는 망각이 죄들을 야기하기 때문이 아니라, 실수들을, 즉 행위와 규칙 간의 간극을 유발하기 때문이다. 그러므로 진실은 해독되어야 하는 것으로서가 아니라, 객관적 규칙들에 부합해 행위를 체계적으로 조직하게 해주는 것으로 이해되어야 한다. 이 규칙들을 따르는 자기는 "대상으로

5　　이 책 45쪽.

서 간주되고 분석되어야 할 주관적 소여들의 장"[6]으로 정의되는 것이 아니라 행위자, 그리고 그 존재에 변화를 가하는 역할을 하는 규칙들이 적용되어야 하는 표적으로 정의된다.

이와 마찬가지로 〈평상심에 관하여〉에서 세레누스가 세네카에게 하는 고백은 자신의 "영혼 깊은 곳에 있는 아직 알려지지 않은 진실을 발견하기 위해" 행해진 것이 아니라 어떤 부가적인 "힘"으로 도덕률의 인식을 보충하는 것을 목표로 한다. 도덕률이 갖고 있는 진실의 힘이 개인의 삶의 방식에 일정한 형태를 부여하는 것처럼 말이다. 개인은 인식의 주체와 의지의 주체가 서로 중첩되는 그러한 자기를 자유의 실천을 통해 구축한다. 이것은 고대 특유의 격언적 자기이다. 격언적 자기 안에서 "진실의 힘과 의지의 형태가 일체를"[7] 이룬다.

두 번째 강연 〈그리스도교와 고백〉에서 푸코는 그리스도교를 진실의 의무를 강제하는 종교로 규정한다. 그리스도교는 우선 교리를 준수할 의무, 즉 성서를 진실의 원천으로 삼고 그 권위를 받아들이며 거기에 복종할 의무를 부과한다. 그러나 또한 자기 자신의 현재의 상태, 자기 자신 안에서 일어나는 일을 알아야 한다는 의무도 부과한다. 간단히 말해 그리스도교는 신앙의 테크닉, 교리의 테크닉 그리고 자기 테크닉을 의무로 부과한다. 성 아우구스티누스가 썼듯 "자기 자신 안에서 진실을 만들어내야 한다". 푸코는 이 강연에서 초기 그리스도교(테르툴리아누스, 히에로니무스, 암브로시우스, 키프리아누스, 파카아누스, 카시아누스)에 관심을 집중하고 참회 예식 및 고해성사에 대해 살펴보면서 진실의 의무를 탐색한

---

6   이 책 88쪽.
7   이 책 59쪽.

다. 초기 그리스도교 시대에 참회는 행위가 아닌 신분을 가리키는 것이었음을 푸코는 강조한다. 신도가 죄를 지었을 때 교회로부터의 추방을 면하게 해주는 것이 참회의 역할이었다. 예식들로부터의 일시적 배제, 의무적 금식, 성관계 금지 등이 참회자에게 의무적으로 요구되었다. 자기 자신의 진실을 타인인 사제에게 말해야 할 의무인 고백이 구축된 것은 바로 이 참회자의 의무들 내에서다. 이 고백은 자기 자신을 죄인, 불결한 자, 가련한 자, 진정한 삶보다는 죽음을 선택한 자로 현시하는 것이었다. 고백은 진실의 현시를 통해 자기 포기를 발전시키는 데 기여해야 한다.

한편으로 참회자라는 신분이 자기 자신의 진실을 현시하는 최초의 형태였다. 참회를 지시하는 엑소몰로게시스exomologesis라는 용어는 죄인으로서 자기 자신을 현시하는 행위를 의미한다. 이 말의 라틴어 번역 푸블리카치오 수이publicatio sui는 이 실천의 연극적 차원을 강조한다. 사실 엑소몰로게시스에 부과되는 예식들에서 말로 하는 표현은 본질적인 것이 아니다. 테르툴리아누스와 성 히에로니무스의 텍스트들에 대한 분석을 통해 푸코는 죄인으로서 자기 자신을 현시하는 것이 왜 그리스도교의 자기 테크놀로지에서 필요했고 또 효율적이었는지를 설명한다. 엑소몰로게시스는 자신이 죄인의 신분임을 공개적으로 현시하는 행위일 뿐만 아니라 "죄인이 죄인으로서의 자신의 죽음을 갈망하는 연극의 상연"이었으며 "자기 포기의 극적 상연"[8]이었다.

다른 한편으로 엑소몰로게시스와는 매우 다른 실천이 바로 그리스도교 수도원 공동체에서 발달한 엑사고레우시스exagoreusis, 즉 자기 자신의 진실을 고백할 의무다. 얼핏 보기에 이는 세네카

이 책 75쪽.

의 실천과 연속선상에 있는 것처럼 보이지만, 고백을 구조화하는 그리스도교의 두 원칙 때문에 세네카의 고백과 그리스도교 수도원의 고백은 매우 다르다고 푸코는 지적한다. 그리스도교 수도원은 복종의 원칙에 따라 제자가 늘 스승에게 고백을 통해 항상적으로 복종하는 관계와 자기 의지의 항상적 포기를 결과시킨다. 헬레니즘 시대에 자기 제어의 차원에서 실천되던 명상은 이제 절대선으로서의 신에 대한 명상으로 대체된다.

요한 카시아누스가 보여주듯, 이런 맥락에서의 자기 점검은 행위로 향하는 것이 아니라 영혼의 가장 깊은 곳에 있는 사유들과 정념들의 상태 쪽으로 향하게 되고 또 그것들을 항상 말로 표현하는 쪽으로 나아간다. 주의와 시선은 사유와 실재 간의 일치에 집중되는 것이 아니라, 사유의 속성, 그 실체, 그것의 기원에 집중된다. 사유를 그 뿌리에서부터 해석해내, 그것이 신으로부터 기원하는 것인지 사탄으로부터 기원하는 것인지를 확인하는 작업이 중요해진다.

그리스도교가 처음으로 사유를 항상적 자기 해석 작업을 위한 분석 대상으로 만들어버렸다고 푸코는 지적한다. 자기 포기와 자기희생은 자기의 진실을 발견할 수 있게 되는 조건인 동시에 자기 발견의 결과이기도 하다. 푸코에 따르면 이러한 긴장 속에서 구축된 자기와의 관계가 "인식형이상학적 자기"를 규정한다. 이 인식형이상학적 자기는 자기 분석, 자기의 언어화가 그 자신에게 폭로하는 바들의 항상적 해석의 결과물이 된다. 고대 그리스-로마 시대에 자기는 실천과 행동의 주체로서 자기 자신을 구축하고 변형시키는 자기 실천의 대상이었다. 진실을 주체화하는 것이 중요했다. 그러나 주체의 해석학, 수도원의 고백 모델과 더불어 서구는 진실의 주체화를 건너뛰는 자기 실천으로 넘어가게 되었다는 것이다. 즉 서구는 자기 진실의 고백을 통해 복종을 목표로 하는 주체의 대상화를 거치는 자기 실천의 단계로 나아갔다는 것이다. 이때부터 오늘날 현대 주체의 존재 방식에 이르기까지 자기 자신의 진실을 고백하는 실천, 자기의 해석학적 고백은 현대인의 복종의 근본적인 형식으로 자리잡고 지속되고 있다는 것이 푸코의 입장이다.

이런 맥락에서 푸코는, 자기 강의에서 중요하게 다뤄지는 것에 대해 토론회 자리에서 해명한다. 푸코는 현대의 해석학의 시도는 자기해석학과 자기희생의 관계의 끈을 절단해 실정적 자기를 기초하려는 시도로 분석한다. 하지만 그렇다고 해서 현대의 해석학이 규정하는 이런 자기해석학이 우리에게 필요할까? 이러한 예속적 주체화와는 다른 유형의 자기를 만들어내는 것이 더 유익하고 유용하지 않을까? 이 자기해석학을 "우리 자신의 정치학"으로 대체하자고 푸코는 제안한다.

1980년 10월 13일 토론에서 푸코는 다양한 방향에서 이 기획을 명료하고 정밀하게 해명한다. 플라톤에 대한 언급을 통해 푸코는 "격언적 자기"와 "인식형이상학적 자기"를 가르는 차이를 논한다. 자기해석학은 자기를 대상으로 여기는 반면 영혼론은 자기를 존재로 간주한다. 다른 관점에서 푸코는 현대의 기획을 논하면서 데카르트의 계기를 강조한다. 처음으로 주체의 경험, 자기 해석은 자신의 내면의 심층을 더 이상 탐색하지 않게 되었다는 것이다. 데카르트 이후 주체의 경험은 보편적이고 객관적 인식의 토대로 변화되었다는 것이다. 푸코는 자기해석학과 지식 간에 이런 식으로 형성된 관계를 해체하려고 시도한다. 여기서 중요한 것은 정치적 요소들이다. 왜냐하면 사람들이 통치받는 방식은 그것에 합법성과 정당성을 부여하는 바로 이 테크닉들에 의존하기 때문이다.

끝으로 1980년 11월 3일 인터뷰에서 푸코는 도덕과 권력을 정의한다. 푸코는 자명한 모든 것에 대한 거부, 호기심, 혁신과 같은 가치들이 자신이 연구를 수행하는 데 결정적 가이드 역할을 하기 때문에 자신이 모럴리스트moraliste라고 주장한다. 그러고 나서 그는 권력을 "관계들의 총체"[9]로 정의하고 논의한다. 권력은 단순한 물리적 힘을 행사하는 데 있는 것이 아니라, 타인에게 일정한 자유를 허용하는 수단과 테크닉을 사용하는 데 있다는 것이다. 그러나 확립된 기성의 권력관계는 필연적으로 불균형을 수반한다. 이 불균형은 평등한 상황을 만들어내지는 못하지만 언제든 역전될 수 있다. 이와 같은 불안정한 권력관계들을 고정시키려는 작업이 권력의 제도화이다. 그러나 어떤 권력관계도 확실하지는 않다.

이렇게 푸코는 자신의 사유에 대한 오해를 불식시키려고 한다. 권력은 "억압적인 끔찍한 어떤 것"이 아니라 "인간이 타인의 행동을 인도하는 관계"[10]이고 그러므로 풍요로울 수 있는 관계다. 그렇기 때문에 푸코는 지식인의 역할을 강조한다. 지식인은 좋은 것이 무엇인지를 규정하면서 권력 게임에 들어갈 것이 아니라 현실 분석을 시민들에게 제공해 그들이 스스로 그것을 판단할 수 있게 해야 한다는 것이다. "선은 일신합니다."[11]

이 작은 책은 푸코의 철학에 접근하기 위해 꼭 필요한 도구들을 제공한다. 이 책은 푸코 철학을 구성하는 핵심 요소들과 그 변화들을 일목요연하게 보여준다. 이 책은 1980년대 푸코가 콜레

---

9   이 책 145쪽.
10   이 책 153쪽.
11   이 책 157쪽.

주드프랑스에서 행한 강의, 요컨대 고대의 "격언적 자기"라는 자기 돌봄 혹은 자기 배려의 주체와 초기 그리스도교에서 출현하는 "인식형이상학적 자기해석학"의 주체 간의 극명한 차이를 명확히 밝히는 푸코의 강의를 이해하는 데 유용한 길라잡이 역할을 한다. 이 책의 편집자들은 독자를 위해 친절하고 세심하며 치밀한 배려를 아끼지 않았다. 각주를 통해 지적한 사항들은 대단히 유효 적절하다. 서문과 각주들은 초심자들을 위해 푸코가 행한 강연들의 미세한 차이들을 섬세하게 추적한다. 독자들의 이해를 돕기 위해 편집자들이 기울인 세심한 배려, 즉 관여적인 서문과 세심한 주석에 경의를 표한다.

2022년 3월 우이동 연구실에서

심세광

찾아보기

ㅎ